サラリーマンが手取年収1,200万円以上の豊かな人生を手に入れる不動産投資術

脇太 著

セルバ出版

はじめに

数多くあるビジネス書の中から、本書を手にとってくださり、ありがとうございます。

はじめまして。サラリーマン大家で、賃貸経営業をしている脇太《わきふとし》と申します。

きっと本書を手にとっていただいた方は、不動産投資に興味があり、今の自分の収入を増やしていきたいと思っている方だと思います。

例えば、毎月の給料以外での安定した収入を確保したい、これからの将来を考えると不安があるので、労働以外のキャッシュポイントの仕組みを手に入れたいなど、個人差はあれ、何らかの形でお金が入ってくる仕組みを手に入れたいと思っている方にこそ、筆者自身が成功した安定的な収入の確保ができる不動産投資術をお伝えしたいと思っています。

筆者は、２０１２年の７月に不動産投資を始め、２０１６年の２月でサラリーマン給与以外の収入、つまり家賃収入２，６００万円を稼ぐ仕組みをつくることに成功し、サラリーマン給与以外で手取年収が安定的に１，２００万円以上が入ってくる状態になっています。

不動産投資の最大の魅力は、他のビジネスでは成し得られない、ストック型とフロー型の資産形成が両立することができる点です。返済による資産のストックと家賃収入による手残りのフローの仕組みが洗練されたビジネスであるがゆえ、汎用性が高い点がとても素晴らしいのです。

もちろん、初めからうまくいったわけではなく、失敗や遠回りもしました。その経験があるからこそ、現在の金融機関の体制の活用の仕方や、不動産投資を始める前から、安定的に収入が入ってくる物件の見極め方や、既に不動産投資を行っている方で収益が上手に上がらない悩みをお持ちの方に、諦めずに行動することで、道が開け、お金の心配から解放され、楽しく過ごせることを本書で伝えていきたいと思います。

そのためには、他人資本を上手に活用することで、自己資本を高めていくことが必要です。得られた自己資本は、さらに自己資本を増やす仕組みとして活用できるため、経済的な悩みから解放されるようになります。

サラリーマンで本業収入がある中、自分の人生を楽しく生きるためのもう1本の収入の柱をつくり、豊かな人生をつくっていきましょう。自由は自分の手で掴み取れます！

平成28年2月

脇　太

サラリーマンが手取年収年収１，２００万円以上の豊かな人生を手に入れる不動産投資術　目次

第2章　破綻しないためのリスクコントロールの考え方

第3章　脇式マーケティングで勝べくして勝ちに行く

第4章　銀行融資の使い方

第5章　物件選びのコツ

第6章　ライバルと差をつける9つのテクニック

第7章　不動産専門の税理士で差がつく

第1章　人生を変える第1歩

W

3年半で家賃収入2，600万円を稼ぐようになったきっかけ

筆者が初めて不動産投資をするようになったのは、30歳のときに人生を考えるきっかけがあったからです。もちろん、今の生活や人生に満足なんてしていませんでした。もっとよくなりたい、時間もお金も余裕のある人生を送りたい。働くために生きるのではなく、生きるために働きたいと、将来の不安も含め、何かを決断しなければいけないと強く感じていました。

そんなときに出会ったのが、ロバート・キヨサキ氏の書いた書籍「金持ち父さん、貧乏父さん」でした。

特に感銘を受けたのが、時間とお金のトレードオフの世界で生きていると、一生かけてもお金持ちにはなれない、ということでした。それまでの筆者は、一生懸命、頑張って働いていれば、いつかは報われ、時間とお金に余裕のある自分のありたい姿へと成長できると愚直に信じていたので、とても衝撃的でした。

きっとみなさんもそうですよね？　今の自分がしている努力が目指したい未来へと繋がっているのなら、いくらでも努力できますよね。しかし、ありたい姿に対して、今の努力の仕方が違っていて、どんなに努力をしたとしても、ありたい姿に近づくことができない現実を知ったら、愕然としてしまいますよね。

労働でお金のために働くのではなく、自分のためにお金が働いてくれる世界があるのなら、その世界の門の扉を開きたいと強く思い、賃貸経営の勉強とマーケットを調べるようになりました。

物件購入前に考えていたこと

当時の筆者は、年収４００万円の契約社員として入社し、サラリーマンとしての社会人歴が４年目でした。年収は、４年経って上がってはいたものの、自己資金４００万円をどう活かせるかを考えると、使える金融機関はそんなには多くない状態だったので、失敗はしたくないという想いが物凄く先行していた時期でした。

そこで、収益を上げるために、家賃収入－返済－固都税＝プラスのキャッシュフローになっていなければ、まずは話にならないことを念頭に置き、どんな物件を保有することが今の自分にとって１番ベストな選択なのか？　を考えました。

不動産投資の書籍で、共通して書いてあったことは、区分マンションはキャッシュフローが低い、１棟ＲＣはコストがかかる、１棟アパートは耐用年数が短いためキャッシュフローが取りづらいなど、どの構造の物件にもネックが存在していました。

もう１つ共通していたのは、安く買い、低金利で長期融資を組めばキャッシュフローが残るということでした。

まとめると、不動産は、どのタイプの物件にもメリット、デメリットが存在していて、組み合わせることや、自己資金の割合や、金利、融資年数のバランスでキャッシュフローを取り、融資枠の拡大が図れるということです。

この観点を重要ポイントとして置くと、３つの観点があります。１つ目は、物件自体の稼ぐ力、収益性。２つ目は、お金を融資してくれる金融機関の視点。３つ目は、収益が増える＝税金の増加と不動産特有の減価償却の仕組みです。この３つの観点がマッチングする状態を目指すことが、キャッシュフローの最大化に繋がることがわかりました。

さらに分解すると、大きく２つの側面で切り分けられることもわかりました。それは、投資の側面と経営の側面が不動産投資にあるということです。なので、賃貸経営業が不動産投資とも呼ばれるのだと思います。

筆者が重要視したのは、経営の側面です。不動産は、買って終わりではなく、買ってから入居者がいる状態で初めてキャッシュフローが生まれます。ということは、退去してもすぐ入居者が入るように、競合優位に立たなければいけません。物件の魅力もありますが、マーケットの中でそもそも存在する歪みがないものなのか？　初めから競合優位に立てる状態の可能性が高いエリアとニーズの判断の仕方はないものなのか？　をとにかく考えていました。この考えが後に、筆者が不動産投資で拡大し、安定的な収益を出す仕組みづくりの基礎となります。

31歳の誕生日に初の収益物件を購入

不動産投資の大体の全体像がイメージできるようになったので、いざ行動に移してみると、全くといってよいほど、当時の筆者では、１棟物件でフルローンやオーバーローンで融資がつくものが東京23区内には、ありませんでした。

【図表１　４区分バルク１棟】

地方で、土地が広い物件であれば、可能性はあったのですが、不動産は、唯一といってよいほど立地だけは後から変えることはできません。なので、東京23区にこだわっていました。理由は、失敗したときのことを考えていたからです。

キャッシュフローが出る前提の物件を買うつもりでいたのですが、何せ初めての経験なので、何か起こったときに実際に計算どおりにいくものなのか？　という不安があったからです。

たとえ、失敗したとしても、売却がしやすいエリアで不動産投資を行えば、最悪の事態に手放すことができると考えていました。

売却後、残債が残ったとしても、サラリーマンの給与でカバーできる範囲であれば、再起できると信じていたからです。

いろいろと不動産会社を回る中でわかったのは、区分マンションなら23区内でフルローンやオーバーローンが組める可能性が高いことでした。

不動産投資が実際うまくいくかどうかわからない中で、売却しやすい区分マンションを選択し、一気に4区分をバルクで購入する決断をしました。

築25年のワンルームマンションです。1億円までなら金利2％で融資を行ってくれるO銀行から3，600万円、27年でオーバーローンの融資を受け、4区分で月10万円のキャッシュフローを手に入れることができました。当時、31歳の誕生日から、筆者の不動産投資が始まったのです。

いきなり訪れる融資の壁

不動産投資を始めて驚いたのが、あれだけ不安に思っていたのに、計算どおりに不動産からの収入が毎月入ってくることでした。半年が経ち、60万円が貯まり、1年が経ち、120万円が通帳に貯まっているのを見て感動したのを今でも覚えています。

サラリーマンの給料では、1年間に100万円貯めることですらしんどかったのに、勝手に120万円も貯まっているなんて、ロバート・キヨサキ氏の言っていた、お金が自分のために働く世界、つまりは資産が資産をつくる仕組みを手に入れたのだと喜びを感じていました。

この経験で自信がつき、1棟物件へチャレンジするようになりました。もちろん、区分マンションで融資をしてくれたO銀行を当てにしていました。1年前に、1億円まで融資可能と聞いていたので、差額の範囲であれば、1年前より自己資金も貯まっているし、購入できるのではないかと、勝手にわくわくしていました。

1棟アパートの取得に向けて物件情報をO銀行に持ち込んだところ、あっさり融資を断られてしまったのです。初めは、理解ができませんでした。1億円まで融資可能と聞いていたので、1億円－3，600万円＝6，400万円までの物件であれば買えるはずでしょ？　と、思っていたので、融資を断られた理由に納得がいきませんでした。

この経験で学んだのですが、当時は、残債がない状態での金融機関の審査での融資可能枠を提示されていたのです。1度、融資を受けていると、残債ありきで、サラリーマン年収、家賃収入、物件の資産価値を算出され、融資実行対象になるかどうかの判断をされてしまいます。

1年前に購入した4つの区分マンションの評価が担保割れを起こしていたのです。不動産投資を始める前に、金融機関の目線はあれほど大事だと思い、金融機関の融資枠と金利を考え融資を受ける順番まで計画していたのに、未経験であるがゆえに、金融機関が見る本質的な貸借対照表での資産の部である物件の評価が、区分マンションではほとんど出ないことを知りませんでした。

このとき、区分マンションから始めるのが筋がよいと思っていたのですが、1棟アパートへの道が消えたと思い、心が折れそうでした。

高金利の銀行を使い勝負をかける

どうしても1棟アパートへの拡大をしたいという思いが強く、金利の低い銀行へと交渉を繰り返しましたがすべて断られ、「年収か自己資金を増やしてから、もう一度来てください」と言われるばかりでした。

結果的に、最終手段として使う予定だった金利4・5％のS銀行で拡大するしか方法がありませ

【図表２　２棟目アパート８部屋】

んでした。町田にある不動産会社の紹介で、何とかS銀行の融資の審査をする本部と部署が同じ支店に辿り着き、中古の木造アパートへの融資は行っていないと断られたのですが、築浅であれば30年－築年数で融資の可能性があることを確認できました。

たとえ金利が高くても、属性が上がるのを待ってから始めるより、今の状態である一定規模まで拡大してから、返済比率を整えに行くほうがチャンスを掴みやすいはず！　と覚悟を決め、物件取得に向けて不動産会社と一緒に1棟アパートの物件探しが始まりました。

ここでも重要ポイントとして、立地を第一に置いていたので、都内から物件を調べたのですが、4・5％の金利で収益が取れる物件がほとんどありませんでした。

こうなればエリアを広げるしかないと思い、首都圏全般をマーケティングしていたところ、リニア開発でリニアの駅がどこにつくられるのか？　が話題になっていました。リニアは、国家戦略特区として指定された品川駅から名古屋、大阪を繋ぐ大規模な開発です。将来性が高いエリアに仕掛けるチャンスと思っていたときに、リニア新幹線で神奈川県に止まる駅が橋本駅という発表があり、即座に買い付けに行きました。

不動産会社の担当者の協力もあり、２０１３年7月に、築3年の1棟アパート利回り９・２％を金利４・５％で27年の融資でフルローンを受けることができました。

満室家賃収入40万円－返済28万円－固都税2万円＝10万円です。返済比率が70％という状態です。しかも、この物件は、１部屋空室だったため、当初入ってくる家賃は35万円でしたので、実質の返済比率は80％でした。しかし、このときは、夢の1棟アパートを手にいれることができたのを何よりも喜んでいたのを覚えています。

管理会社１つで客づけは変わる。ときには大胆な決断も必要

この橋本の物件は、購入した不動産会社に管理をお任せしていました。購入時にお世話になったので、少しでも営業の方にメリットが生まれるなら協力したいという思いからの行動でした。

マーケットニーズを調べたところ、社会人、学生の取れる街です。学生は家賃5万円、社会人は家賃４．５万円と、学生のほうが家賃を高くとれるエリアです。

7月から募集を開始していたのですが、4か月経っても内見の問合せが2件ぐらいの状態でした。

管理会社以外にも物件情報を流していただいているのに、この反応は少なすぎます。このときは、さすがにまずいと思い、管理部の店長と打合せを数回行っていたのですが「夜道が暗いからちょっと怖いかも知れないですね〜」など、イマイチ納得感に欠ける返答が続いていました。

駅からは徒歩10分ぐらいなので、そんなに怖いレベルの街ではないですし、普通に女性の入居者も半数がいました。広告プロモーションを広げてアクセスが上がっても、内見が増えません。管理部の店長の背景説明も納得感に欠ける状態だったので、自分で確かめるしかありませんでした。

原因を探るために、横展開して、情報を出してくれている大手管理会社から当たることにしました。そこで、想像もしていなかったことが起こっていました。実は、筆者の物件情報を自社だけではなく、他社へも管理部の店長は出してくれていたのですが、その情報が、他社から入居したいお客さんへ届いていない状態だったのです。

これには、深い理由がありました。その理由が、以前に管理部の店長さんから「うちの客を取りやがって！」とクレームが入って来ていたそうです。これを機に、他の管理会社は、付合いをやめる状態になり、物件情報が流れてきても案内をしないスタンスをとっているとのことでした。

こんなことが普通に存在するのが不動産業界なのかと学び、自分の足を使って確認しないと見えないことやわからないことがあるのだと知りました。

ともあれ、原因がわかり、今の管理会社のままでは対策が難しいと判断し、物件購入のときにお世話になった営業担当者に事情を説明し、管理部の店長さんへ話を通していただき、管理会社を変更しました。

新しい管理会社へ変更した途端、入居者がすぐに決まり、満室へとなりました。今までの苦労は何だったのか？　と思うぐらい、管理会社1つで変わり、それを取り巻く業界のルールが存在するのが不動産業界です。

これで、キャッシュフローが月20万円になり、年240万円を給料以外で稼ぐ仕組みを手に入れたことを喜びました。返済比率のことは、いったん忘れて規模拡大を目指すようになります。

調子に乗って新築1棟アパートにチャレンジ

高金利で融資を受け、キャッシュフローが少なくとも規模拡大ができるのであれば、拡大をしていたほうが、結局お金が貯まるのが早いことを自分自身の中で腹落ちできていたので、1棟アパートを取得しても、休むことなく物件を探すのを続けていました。

すると、前回、物件を紹介してくれた町田の不動産会社から連絡があり、S銀行で木造アパートの融資がつく新築アパートの提案がありました。この物件は、横浜市港南区にある物件です。周りの駅力も問題なく、横浜市の新築デザイナーズアパートでしたが、利回りは8・4％で、自己資金を400万円使い、4，700万円で30年の融資を受けることが可能でした。

また、建築する不動産会社が管理も行う会社だったので、本当に新築でスタートして入居者はすぐ入るのだろうか？　と心配していたのですが、徒歩10分圏内にある駅の駅力も横浜エリアの中で

【図表３　３棟目新築アパート６部屋】

強く、人気のエリアでした。

さらに、管理についても、客づけの力があるかどうかを確かめておかないと、前回の二の舞では話になりません。周辺の不動産会社に確認しても、評判のよい不動産会社だったので、今度は問題ないだろうと思い、初めての新築アパートを２０１３年10月に購入することができました。

新築でも注意！　マーケットが動かない時期もある

初めての新築物件で、全空からの募集となり、不安と期待を持ち募集活動をしていたのですが、10月、11月、12月と入居申込みが入ってきませんでした。そのため、この物件での売上が立たず、支払いだけが先行していたのです。

ある程度は覚悟していたので、経費として現金をとってあったのですが、実際に通帳から支払金額だけ出て行くのを見ていると、恐怖を覚えてきます。賃貸経営がうまくいかなくなると、このキャッシュアウトする状態が続き、破綻するのだと…。

しかし、今回の管理会社は、優秀な管理会社です。周辺への調査も手を抜かずに行ってくれていましたし、閑散期ということもあり、他社からの客づけができるように様々なエリアへの営業活動も訪問で行っていてくれました。

しかも、11月の時点では、管理会社さんの負担でＡＤを２００％で他社へのアプローチまで行っていただきました。こういった行動を何十年もしているので、横浜周辺の不動産会社からも評判がよく、客づけに強いといわれています。

この状況を側で見ていたので、決して管理会社の客づけが弱いというわけではありませんでした。また、周辺の新築物件も全空の状態です。なので、本当にマーケットが動かない超閑散期もあるのだと肌身を持って体感しました。

不安も大きかったのですが、ビジネスパートナーとして動いてくれている管理会社がいたからこそ、心が折れて変に価格対策を打たずに、「待つ」というスタンスを保つことができました。

すると、年が明けてマーケットが動き始め、今までの不安が吹っ飛ぶかのように、すぐ満室になりました。これで手取りが11万円アップです。合計31万円のキャッシュフローを給与以外で毎月得られる状態になりました。

名古屋へエリア拡大を図る

無事に満室経営を継続していく中で、新たに物件を探していました。もうこの頃は、不動産に夢中になっていて、買いたい病が発病していました。

しかし、買えるから買うというスタンスはなく、今までの失敗や成功で学んだことを活かした上で、次の拡大エリアのマーケティングを8か月間していました。

筆者が、目を付けたエリアは、リニア新幹線の通る街が中心でした。なので、基盤となる都市は、東京都、神奈川、名古屋、大阪から導線を引き、物件情報を取得しては、住んでいる東京から現地確認をしていました。

わざわざエリア拡大を図った理由としては、当時、東京オリンピックが公表されてから、売主が強気になり、物件価格が高騰し、指値が全く効かなくなっていました。第一希望は首都圏で探していたのですが、だんだん割に合わなくなってきていたので、愛知県と大阪府を中心に物件探しを行っていました。

すると、愛知県のターミナル駅である名古屋駅近くに面白い物件がありました。名古屋駅徒歩圏内で築浅物件にもかかわらず、4，500万円で6部屋の物件情報が出ていました。これは、チャンスと思い、速攻で不動産会社へアポを取り、現地調査しに行きました。

名古屋駅は、都市開発の話も出ていたのですが、当時は物件価格も高騰していなかったので、狙い目でした。目星にしていた物件を確認してみると、築6年にもかかわらず、管理が全くされていませんでした。屋根の雨トイも物件から外れて宙に浮いている状態でした。

しかし、修復可能なので、指値材料になると思い、ワクワクしていたところ、１部屋家賃５・５万円で貸しているにもかかわらず、３万円台で貸している部屋が2部屋もありました。この差が不思議で確認してみると、何と、生活保護の入居者でした。

この名古屋駅の近くで、ここまで家賃を下げてまで客づけしなければ埋まらなかったのか？ と不思議に思っていたのですが、実は、名古屋駅は東口と西口があり、東口は都市開発の話で期待値も上がっているにもかかわらず、西口は住居環境として人気の場所ではありませんでした。

築浅でこの状況であれば、家賃アップを狙うにしても、大家側から退去を進めるのは時間もお金もかかるため、この物件は諦めることにしました。こんな経験も不動産投資ではよくあります。

せっかく名古屋まできたので、めぼしい不動産会社に関係性をつくりに挨拶回りをして、東京に帰ってからも連絡を取り合っていました。

名古屋の未公開物件情報をゲット

ある日、名古屋で知り合った不動産会社の営業マンから、「脇さんの条件にベストの案件を専属で仕入れることができました！」と未公開物件の紹介をいただけました。

この物件は、築24年の重量鉄骨マンションで評価が取れる物件でした。売値は6，４８０万円で、利回り10・１％です。

【図表4　4棟目重量鉄骨マンション10部屋】

早速、資料を送って貰い確認すると、ほぼ希望条件だったので、東京のS銀行の担当者に融資の打診をお願いしました。S銀行の担当者も、この物件であれば、評価がかなり出そうなので、融資できる可能性が高いですと、前向きな返事をいただいていました。3日後には、25年で融資可能の返事が返ってきたので、物件を抑えていただき、再び名古屋へ向かいました。

今回の物件の売主は法人です。決算に向けての利益確定のため、売却をする経緯になりました。この情報は、クローズドの案件なので、融資がついている買いつけは筆者1人のみです。なので、不動産会社の担当者と協力して、融資承諾が降りていて確実な買主であることと、今後にかかる修繕費と解体費を合わせて指値の交渉を数回行い、最終的に物件価格が6，100万円で着地し、380万円の指値に成功しました。

2014年6月に4棟目の取得に成功し、手残り18万円アップで、合計49万円のキャッシュフローを手に入れることに成功しました。

キャッシュフロー改善の借り換えを行う

約50万円のキャッシュフローを毎月手に入れるようになり、圧倒的にお金が貯まるスピードが速くなってきました。規模拡大していったので、返済比率も80％↓63％まで抑えることができてきました。

次の物件の拡大を試みても、S銀行をメインで物件を拡大してきた筆者では、他行からは相手にされませんでした。このままでは、拡大に時間がかかりすぎてしまうと思い、今の資産を活かしてキャッシュフローを増やすためには、金利交渉もしくは借り換えを行うことがベストだと考えました。

S銀行に金利交渉を行ったところ、保有して1年ぐらい経っている物件に関しては、金利交渉で1％以上可能性があるといわれたのですが、直近で融資を受けた名古屋の物件に関しては、金利交渉ができないと返事をいただきました。

ちょうど、この時期にS銀行の競合会社であるＳＯ銀行が、活発な動きを始めていました。銀行の融資の体制は水物です。いつ融資条件が緩くなったり、厳しくなったりするかはわかりません。このタイミングを逃すと、いつ融資を絞ってくるかわからないと思いました。

実は、今まで、ＳＯ銀行は、不動産への融資条件がそんなによいほうではありませんでした。それが、不動産会社へまで銀行の担当者が営業をかけに行き始め、「融資を出すのでお客さんを紹介してください」と説明会を開いていました。

この状況はチャンスかも知れないと思い、SO銀行を訪問し、借り換えの打診をお願いしに行きました。筆者が何故、追加融資をお願いせずに借り換えの判断をしたかというと、SO銀行で追加融資を行えても、あと1棟拡大できるぐらいでした。結局、その後もS銀行の取引実績を含めて他行での融資は厳しい状態は変わりません。だったら、S銀行で融資を受けた3棟の物件の借り換えを行ったほうが、キャッシュフロー改善と、今後、他行との付合いの門が開けるのでは？と思い借り換えの判断をしました。

SO銀行の担当者から、「3棟すべてとなると重たいので、少しお時間をいただけませんか」と言われました。しかし、本部営業直属の担当者に借り換えのお願いしていたので、物凄いスピードで数回の確認作業が入ったものの、頭取決済を引っ張ってきていただきました。

普通は、支店決済、本部決済の金額で決着が着くことが多いと思うのですが、筆者の場合はSO銀行が想定する借入金額をオーバーしていて、かつ木造物件の割合も大きかったため、難航していました。しかも、筆者が提示していた条件が金利を4・5％→3・3％で、3棟すべてS銀行の融資年数から延長した上で借り換えの打診をかけていたからです。

自分でもなかなか強気の提案だと思っていましたが、狙いがありました。銀行も株式会社で民間企業です。ということは、本質的に、経営のビジョンも各銀行で異なり、経営方針も違います。また、今回のように、経営の方針が変わり、競合対策に注力するときは、企業ベースで考えると予算の幅も拡大していることがほとんどです。きっと銀行も同じはずと思い、思い切り強気で提案をしていました。

結果的に、ＳＯ銀行の担当者の頑張りのおかげで、３棟とも金利３・３％で融資年数７年延長をした上で、借り換えをすることができました。

名古屋の物件を取得してからわずか2か月後に、この大きなチャンスを掴み取ることができました。これで月49万円のキャッシュフローが月66万円になり、返済比率も47％と大幅改善に成功することができました。

これにより一気に財務の改善をすることができ、毎月、満室で収入が入ってくるようになりました。返済比率が50％を切った状態になったので、半分空室になっても大丈夫と思えるようになり、心に余裕が持てるようになりました。

この頃には、毎月入ってくるサラリーマン給料より、不動産経営から入ってくる手残りのほうが大きくなっていました。

メガバンクに融資をお願いするも断られる日々が続く

２０１４年の中頃には、中古物件の高騰が当たり前化していました。しかし、日銀の金融緩和のおかげで、低金利での借入れができる金融機関も増えていました。新築物件だと、木造でも30年と融資を引くことが可能なので、物によっては中古より手残りがつくれたり、10年間のコストがほぼかからない状態で運営できたりと、メリットがあります。

新築物件で低金利での融資の門が開けるなら開きに行きたいと思い、融資づけに強い不動産会社の担当者と一緒に、関東の銀行を可能性のありそうなところから調べに行きました。すると、融資30年で金利1・5％ぐらいでの融資の可能性のあるメガバンクR銀行とM銀行が候補となり、どんな新築物件であれば、これらの銀行に対して評価が取れるのかを何棟か、打診をかけて傾向を分析していました。

どうやら、R銀行のベスト条件は、土地の価値が低く、収益性があり、維持コストが低い物件に融資の最大化が図れることがわかりました。要は、木造で、土地価値が低い物件であれば、金利1・5％で30年の融資が受けやすいということです。一方で、M銀行は、基本的に貸借対照表を参考にした上で、資産のほうが高い状態で自己資金も30％は欲しいとのことでした。

分解してみると、総資産を時価の7割で評価ベースを出します。そして、負債が資産の7割以内が大前提になるということです。そして、自己資金を30％入れた後に残る現金が、借入れに対し10％の現金保有ができる状態を安全ラインとして見ていることがわかりました。

金融機関の目線がわかると、物件の規模も今の自分でチャレンジできる幅も決まってくるので、絞りやすくなりました。しかし、これらの条件が揃う物件が、実際に欲しいエリアにあるかというとそうでもありませんでした。

２０１４年11月の時点で、横浜に何とかマッチングしそうな物件情報を取得することができたため、Ｒ銀行とＳ銀行に打診をかけに行きました。返事が返って来るまでに１か月かかり、どちらの銀行も「今年の６月に物件を取得したばかりで、今回購入するのは時期が早すぎます。今年の確定申告が終わってから再度、申込みをお願いします」とお断りをされました。

いよいよ、２０１５年の年が明け、確定申告も２月の時点で終わったところで、再度Ｒ銀行とＭ銀行に打診をかけに行きました。すると、Ｒ銀行からは完全にお断りをされる状態となり、Ｍ銀行は１か月近く待たされたので、可能性があるのかも？　と淡い期待を持ち待ち続けたところ、今回の融資は見送りという形となり、実質のお断りをいただきました。

どうしても諦めきれなかった筆者は、行動あるのみの精神で、前回の名古屋の物件を購入したときにつくった不動産会社の繋がりをもとに、Ｍ銀行の名古屋支店で、物件も名古屋の物件に差し替え、再度、打診をかけましたが、お断りされる形となりました。

そうしている間に、４月を迎えるタイミングで、現在働いている会社から人事異動があり、何と偶然にも、名古屋へ転勤することになりました。まさか、今、自分が物件を調べている街に転勤になるとは、思ってもいませんでした。

出会いが出会いを呼び融資を断られていた支店から融資承諾を得る

これも何かの縁かも知れないと思い、転勤後も名古屋の金融機関と不動産会社を回っているうちに、九州が本店となる不動産会社の担当者と知り合い、Ｍ銀行との付合いが深いことがわかりました。そこで、名古屋支店で1度お断りをされている旨を話すと、九州支店から攻めましょう！　のアドバイスをいただき、九州支店へ融資の打診をかけるようになりました。

その間に、名古屋で物件情報をずっと探していたのですが、いい物件がなく、日々物件情報を探しているうちに、名古屋でも中々売りに出ることが珍しい土地が、古家と一緒に売りに出ている情報を川上情報としていただくことができました。

この古家を解体し、新築で競合優位性が高い物件をつくることができると、立地よし、ライバル物件が増える可能性も低い、将来の出口として売却も見込めやすいし、戸建用地としても実現性があるといった形で、経営から出口までイメージしやすい状態でした。

そのため、融資づけができるなら勝負のタイミングだと思い、早速、打診をかけているM銀行の九州支店へ、土地から新築の設計案を踏まえた上で、物件の差し替えをお願いしました。

そこから、2か月半経過して、M銀行の九州支店から電話があり、融資可能の返事をいただきました！　しかも、驚いたのが、融資をしてくれる支店が、以前断られた名古屋支店からだったのです。思い起こせば、東京支店で断られ、名古屋支店でも断られ、九州支店で融資承諾を得て、名古屋支店から融資を受けられるという、凄まじいルートを辿ってきたと思います。

夢のメガバンクで新築1棟アパートを購入

まさかこんな形でメガバンクの扉が開くとは、予想もしていませんでした。しかし、この低金利

【図表５　５棟目新築アパート９部屋】

の時代での融資のロジックを紐とき、そこに合わせて対策も打ちながら、金融機関との付合いの深い不動産会社を見つけることで勝ち取った融資でした。

この物件は、完成が10月にもかかわらず、まだ原型がわからない状態の時点で、８月から入居募集をかけ始めたのですが、１か月経たない間に満室となりました。さすがに場所がよく、ライバル物件が少ないエリアです。満室報告を受けた瞬間、今までの行動が本当に大変だったこともあり、成し遂げた嬉しさで感動が溢れ返っていました。

決済時の条件としても、物件取得にかかるトータル金額から、30％の自己資金ではなく、20％の自己資金を入れることにはなりましたが、金利１・２％、固定5年で30年の融資を受けることができ、名古屋で2棟目となる新築物件を２０１５年10月に手に入れ、手残り月25万円アップとなりました。

これで毎月のキャッシュフローが91万円です。不動産投資を始めた頃に、月１００万円のキャッシュフローを目指すことを目標にしていたのですが、目標まで残り9万円のところまできていました。

現金が足りない課題が残る

ようやく毎月90万円以上のお金をつくれる仕組みを構築できたのはよかったのですが、月１００万円のキャッシュフローを手に入れるためには、９万円以上の手残りが入ってくる仕組みをつくらなければいけませんでした。

方法は、２つありました。

・新たな物件の取得
・融資を受けている銀行への金利交渉

この2つのうち、どのカードを使うのがベストな選択なのかというと、もちろん、新たに物件の取得ができれば最高です。しかし、サラリーマンになってからの7年間の貯金と、今までの不動産から得た収入と、オーバーローンで融資を受けた現金をメガバンクから融資を受けるために使用したので、現金がありませんでした。

具体的にお伝えすると、筆者の貸借対照表は、トントンからギリ資産が負債より上ぶれている状態です。この状態での追加融資は、現在の借入金額と比較すると重たい状態となり、残債が減るのを時間をかけて待たなくてはいけませんでした。

現金をつくるためには、何が最も早く、次の1棟物件の取得の可能性が高いのかを考え抜いたところ、不動産投資を始める第1歩となった、思い出深い区分マンションの売却を行い、資産組み替えすることがベストだと判断しました。

区分マンションの売却で２，０００万円以上の利益

楽待の売却査定を出したところ、5社の不動産会社から返事があり、1区分当たり1，300～1，400万円で売却の査定結果が返ってきました。初めての売却で不安はあったものの、見積り査定が想像を超えていたので、正直驚きました。

現在の区分の残債は、1区分800万円で、4区分あったのでトータルで3，200万円でした。仮に1，300万円で4つ売却したとしても、残債と相殺して2，000万円の現金をつくることができます。これが上手くいくと、次の物件取得がスムーズに行えると思い、売却をすることにしました。

2015年12月と2016年1月に、2区分ずつ売却する形となりました。気になる売却値は、1区分当たり1，300万円と1，325万円です。しかも1，325万円で売却できた2区分は、仲介手数料等がゼロの条件でしたので、純粋な手取りとなりました。合計で5，250万円の値段

で売れ、残債や手数料等を引くと2，０００万円の売却益をつくることができました。特に、この区分マンションは、指値に成功して取得できていた分、売却時の利益が大きかったです。

保有期間のキャッシュフローで３７０万円を稼いでくれていたので、合計で2，３７０万円をつくれた形となりました。初めての売却で、売却における利益確定のインパクトを体感した瞬間でした。

さらなる借り換えでキャッシュフローを改善

Ｏ銀行から融資を受けていた区分マンションを売却したのですが、ＳＯ銀行から融資を受けている3棟のうち1棟を3・3％→2・3％の金利で借り換えの話を持って行くと、何と審査の土台に乗ることができました。

Ｏ銀行から融資を受けている物件を売却したのにもかかわらず、再度融資をしていただける形となり、借り換え費用も、ＳＯ銀行の場合だと登記費用や全額返済費用等を含めても21万円ぐらいでした。3・3％→2・3％になることで、月のキャッシュフローが3万円アップしました。

3年前に区分マンションを購入して、追加融資をお願いしに行ったときには、信用毀損を起こしていて、Ｏ銀行で断られていたのですが、区分を売却することにより、Ｏ銀行での枠が空いた形になりました。

しかし、Ｏ銀行の場合は、すべての金融機関での融資金額が最大で2億円という目安があります。

この上限を超えていると、物件を購入するための融資は断られてしまいます。

新規での物件購入が難しいのですが、借り換えであれば、この範囲で行っていただけます。したがって、次の物件取得をして借入額が増える前に、Ｏ銀行で借り換えをするのに、ほとんど違約金がかからないＳＯ銀行との相性がよかったのです。

ついに法人化するタイミングを迎えた

区分マンションを４つ売却したので、一時的にキャッシュフローが下がり、借り換えを1棟行い、月３万円のキャッシュフローがアップし、合計で月85万円のキャッシュフローと売却で手に入れた現金の状態になりました。

不動産を拡大するに当たり、必ず税金の問題が大きくのしかかってきます。さらに、サラリーマンを辞めたときのことを考えると、個人所有の不動産の所得税の支払いと国民保険等の支払金額がバカになりません。なので、法人で物件を所有することで、サラリーマンの間は給与を出すことができませんが、辞めた後は法人で給与を出し、社会保険に加入することができ、税金をコントロールできます。

また、不動産は、最終的に法人所有にすることで相続対策にもなりますし、個人所有している不動産の残債がなくなっていくにつれて、税金の支払いが増えてきます。

どの道、この賃貸経営業を拡大するに当たり、いずれは法人化をしなければなりません。法人での実績をサラリーマンで働いている間につくれることもあり、このタイミングで法人を設立しました。

法人化のタイミングの判断は人それぞれだと思いますが、規模でいうと家賃収入で2，000万円～2，500万円ぐらいといわれています。しかし、本業での収入の金額によっては、変動が激しいため、一概にはいえません。多分、どの不動産投資の本を読んでも同じようなことが書かれていて、筆者自身もひとりで考えているうちは、よくわかりませんでしたが、不動産専門の税理士を顧問税理士にすることで、ようやく自分の法人化のタイミングが把握できたという感じです。なので、読者の方で、同じように法人化についてしっくりきていない方は、専門の税理士に相談することをおすすめします。

相続案件の物件情報を手に入れる

２０１６年の新年を迎えると同時に、新設法人で物件所有するために、愛知県のエリアで不動産を探していました。どの投資サイトや不動産サイトを見てもピンと来る物件はすぐ消えますし、よい物件はネットに出る前に取引が完了してしまいます。投資家が必ず見ているサイトで勝負してもタイミングや運も必要になります。

そんなときに、一般の不動産会社の情報で、築24年のファミリータイプの物件を発見しました。こちらの物件が、何と、ほぼ土地値に近いのにもかかわらず、状態がきれいで、大規模修繕を24年間の間に2回もしているという、思いっきり手をかけすぎた物件でした。

調べてみると、相続した物件で、今の売主さんも年をとり、物件のあるエリアまで行く機会もなく、住んでいるところから遠いので手放したいとのことでした。売主さんの住んでいるところを聞くと、物件のある市から車で1時間の距離でした。さほど遠くありません。完全に不動産のことがよくわからないので、相続した物件を現金化したい背景がわかりました。これはチャンスと思い、買い付けをすぐ入れ、銀行に融資の打診を入れに行きました。


手取年収1，200万円超えを達成！


無事、新設法人での融資承諾をいただくことができました。融資が付くのが確定しているので、最終段階で物件の値段の交渉をしたところ、4，280万円が4，100万円にとの交渉ができ、償却や相殺を含めると実質4，000万円で物件を購入することができました。これで月のキャッシュフローが22万円アップです。

そうすると、今までの保有物件のキャッシュフローと合わせて、月に107万円に達しました。年間で1，284万円が、サラリーマンの本業収入とは別に、家賃収入から手取りで得られるようになったのです。

契約社員からちゃんとした社会人を始め、ビジネスを覚えていくうちに、自分の中で仕事の楽しさを覚えるようになりました。不動産のビジネスを知り、豊かな世界があるのであれば、その扉

【図表6　6棟目軽量鉄骨アパート6部屋】

を開きたい一心で不動産投資をしているうちに、だんだん不動産のことが好きになり、ハマってしまいました。不動産投資を2012年7月から始めて3年半で、1つの目標であった月100万円のキャッシュフローを達成することができたのです。

労働収入以外でお金が自分のために働く仕組みを少しずつ手に入れいくうちに、今までお金の問題で悩んでいたことも、いつの間にか気にしなくなっている自分がいました。なので、自分自身の成功体験を通じて、これから経済的自由を手にしていきたい方や、現在、不動産投資で困っている方に対して参考になれば幸いです。

今後の展望について

この3年半は、とにかく規模の拡大のス

ピードを意識し、自分の中でリスクが取れる木造アパートを中心に拡大をしてきました。今では、不動産でのリスクヘッジとなる毎月のキャッシュフロー額が、月１００万円を超える状態になったため、今までよりリスクが取れる状態になっています。

この状態がつくれるようになると、負うリスクと得られるベネフィットをより検討できるようになるので、リスクを取りながらも、規模拡大ができる案件にチャレンジしていきたいと思っています。

また、マイナス金利の追い風と今後の日本の動向を見る限り、国内のグローバル化には重点的に対応していくスキームが必要になってくると思っています。現在の賃貸の内容として、海外の人達が日本で住居環境をつくるのには、様々な条件がついているケースがあります。

これは、賃貸経営者である大家が、家賃の未回収のことを考えると、海外に住んでいる保証人から家賃回収をしなければ回収ができないので、そのための対策だったりします。その結果、住みたい場所に住めるわけではなく、受入れ状態がある物件を探さなければいけません。

家賃回収スキームの対応ができていないのであれば、このスキームを確立することで、海外の人達が日本で住む場所の選択の幅が増え、よりグローバル化の多様性が汎用できるので新たなビジネスチャンスを仕掛けることができます。

長期計画で国内のグローバル化を視野に入れ、その場所の提供ができるのも楽しみの1つとして、今後は、社会貢献により影響を及ぼすビジネス展開をしていくことを考えています。

賃貸経営をして実感したこと

労働収入では、時間と経済的自由を手に入れるのは不可能だということを知り、仕組みでのキャッシュフローの展開をしてきて身に染みたことがあります。それは、日本人がお金の流れを把握するスキルが圧倒的に低いということです。ほとんどのケースでビジネスを考えるときに、どんな商品やサービスを提供すると儲かるのかを中心に考える人が多いと思います。これは、キャッシュフローの観点が抜けていると、必ずと言っていいほど陥る罠です。

商品やサービスを考える前に、土台であるキャッシュフローを考えなければいけません。基礎のキャッシュフローの上に人材の育成があり、その上に商品、サービスが存在します。どんなよい商品やサービスを行い、優秀な人材育成に成功したとしても、ビジネスの肝であるキャッシュフローが壊れていれば、続けることができません。これに気づくことができれば、お金の不安から解消されるのだと思いました。

第2章

破綻しないための
リスクコントロールの考え方

W

不動産投資で大切なのはリスクの取り方

ここからは、僕自身が不動産を拡大していくに当たって、木造中心で拡大している理由をお伝えしたいと思います。

これから不動産投資を始めるという方は、まず借金に対する恐怖があると思います。そして、既に不動産投資をしている方でも、大してキャッシュフローが出ていなかったり、キャッシュフローが少なくなってきたりしている状態で、突発的な修繕や空室が発生したりすると、現金の持ち出しが増え、損をしてしまう可能性が高くなっています。

このイメージが強ければ強いほど、リスクを感じてしまうので、最初の1歩や、これ以上借入れを増やさないほうが安全なのでは？　と思いがちです。

しかし、このリスクの取り方や、リスクを負ったときの金額のインパクトが、自分の中で対処できるイメージを持つことができると、変な恐怖心で前に進めないということがなくなります。筆者自身も、初めて不動産投資をするときに、借金することに抵抗がありました。ましてや、今まで自分自身が使ったことのない、数千万円という金額を背負うのかと思うと、完全にやめたほうが無難な人生を送れるのでは？　と考え直したぐらいです。

初めに、不動産投資での「家賃収入－返済－固都税（固定資産税＋都市計画税の略）＝プラス」のキャッシュフローであることが重要とお伝えしましたが、このプラスのキャッシュフローから、毎月かかるコストの管理費や電気代や水道代を支払っていきます。

イメージとして、１棟８部屋で40万円を稼いでくれる木造物件の場合、管理費が家賃の４％として１・６万円、電気水道代が０・３万円ぐらいかかります。なので、月２万円ぐらいの維持コストがかかると思ってください。多くても３万円ぐらいです。

これ以外にかかるコストとしては、退去が起こったときにかかる原状回復費です。こちらのコストは、どこまで原状回復するのかにもよって変わりますが、一般的な25平米の広さの１Ｋタイプだと安いと２万〜３万円ぐらいです。１部屋すべて修復して40万円ぐらいのイメージです。リフォーム業者の繋がりがある方は、もっと安く仕上げていたりします。

こういったイメージや金額を把握することができると、どのくらいのプラスのキャッシュフローが出る物件を買えばよいかや、キャッシュフローの中からいくら積み立てておけば退去時にかかるコストを捻出することができ、持ち出しをしなくて済むのかが逆算できます。

月々にかかるコストと退去時にかかるコストを把握することで、キャッシュフローの出る物件を購入すれば、お金に関するリスクはお金でヘッジできるイメージを持つことができるようになるので、余分な借金に対する恐怖心はなくなっていきます。なので、自分自身のリスクの取り方を決めることが重要になってきます。

不動産の融資を受けると、10年単位での長期の融資となるため、築20年や30年経った物件の大規模修繕のコストが必要になってきます。この金額は、先ほど説明した月々のコストや原状回復にかかるコストよりも高額になるため、準備が必要になります。

この大規模修繕のコストが、運わるく所有した瞬間に必要になったりするケースもあります。なので、築年数で大規模修繕の目安はあるものの、突発的に起きても余裕をもって対応するために、自分の物差しを決める必要があります。

その決め方を木造とRCの特性を比較して判断していきましょう。

1棟RC物件の特徴とコスト

RCは、法定耐用年数が47年あります。この法定耐用年数が長いと、融資が長く受けやすいのです。金融機関は、基本的に「法定耐用年数－築年数」で借入期間を決定します。キャッシュフローをよくするためには、融資年数を長くすればするほど、最大化していきます。

また、建物の再調達価格が高いため、資産性も高いです。なので、木造物件と比較すると、融資が付きやすいというメリットがあります。

反面、資産性が高い代わりに、固定資産税が年間100万円～150万円かかります。規模が1億円を超えて大きくなると、もっとかかってきます。

コスト的な面のお話をすると、常時かかるコストとして、管理費、電気代、水道代、受水槽点検費、エレベーター点検費などがあり、高額になりがちです。さらに、15年～20年に1度の大規模修繕は高額となり、数千万円必要になるケースもあります。

突発的な修繕で高額なものは、共用部にある給排水ポンプが200万円～、エレベーター設備が

７００万円～、受電キュービクルが１，０００万円～など、大金が動きます。

最終的に、建て替えをする判断をしたときにかかる解体費は、１，０００万円ぐらいです。とにかく資産性が高い代わりに、かかるコストも高いのがＲＣの特徴です。

１棟木造物件の特徴とコスト

木造アパートは、法定耐用年数が22年と、ＲＣに比べると短いです。なので、融資期間が短くなる傾向があるため、キャッシュフローが出にくいです。しかし、筆者の木造物件に30年の融資が付いているように、金融機関の体制が変わり、木造物件でも法定対応年数を超えて融資をしてくれる金融機関が増えています。こういった金融機関を使うことで、キャッシュフローを出すことができます。

ＲＣより法定耐用年数が短いということは、物件の価値がなくなるのが早いということです。しかも、土地の広さに対して、大きい物件をつくることができないので、実質の資産性は土地の価値ということになってきます。資産性が低いので、固定資産税も年間20万円～40万円と、ＲＣに比べると圧倒的に低くなります。

常時かかるコストとしては、管理費、電気代、水道代などです。15年に1度の大規模修繕には、200万円～300万円かかります。突発的な修繕としては、給湯器などが上げられますが、プロパンガス会社と提携していると、無料で直してくれたりします。自己費用でも8万円ぐらいです。

最終的に解体をしても、200万円～300万円と、RCと比較すると圧倒的に安く済みます。なので、木造アパートは、資産性が低く、融資づけに難易度はあるが、コストは安いという特徴があります。

自分の力量でコストコントロールできる金額を決める

RCと木造の特徴とコストを把握できると、不動産賃貸業として経営を行っていくことが重要だということがわかると思います。もちろん、購入するときや、売却をするときは、投資の側面での観点も重要になるのですが、借入れ年数が20～30年と長くなってきますので、経営の側面でのコストコントロールを行っていかないと、安定的にお金を残すことができません。

特に、初めて不動産投資を始めようと思っている方だと、借金に対する恐怖があるかと思います。この恐怖を克服するためには、仕組みを頭で理解し、お金の流れを体感しなければ、正直なところわからないと思います。事業として何かを仕掛けるとき、わからない中で決めなければいけないことがあります。もちろん、不動産投資も同じです。

一瞬の決断の遅さで、物件を取得できない世界で戦うことになります。また、決断を間違ってしまうと、取り返しがつかない金額を背負う世界でもあります。その分、慎重になりやすいのですが、マーケットはそうは待ってくれません。なので、決断力を鈍らさないためには、失敗しても再起できる状態をつくる覚悟が必要になります。

それは、資金的な面と、精神的な面です。この2つを常に保ち続けるためには、損をしても大丈夫と思えることが大事です。不動産投資をする上で、運営にかかるコストが突発的な修繕を含めて考えると、RCは1，000万円、木造は500万円を常に用意できる状態や、方法を持っていないと、最悪の事態が回避できません。

そうすると、サラリーマンで現金がない状態で1，000万円を集めろといわれても、すぐに用意できる人は少ないと思います。しかし、500万円であれば、自分が付合いのある銀行の融資や、政府系の金融機関で比較的簡単に用意することができますし、最悪カードローンでも用意ができます。

突発的なイレギュラーの修繕が起きたとしても、現金を用意できるリスクヘッジの取り方がイメージできれば、一時的に対処したとしても、その後は、毎月キャッシュフローが入ってくるので、500万円で苦しまなくて済みます。また、その間は、サラリーマンで給与を貰いながらリスクヘッジを行うという対策まで打てます。

こういったリスクに対して、どの金額の幅まで向き合っていけるのか？　を決めると、判断に迷いがなくなり、全力でアクセルを踏めるスタンスが不動産投資で行えるようになるので、自分の力量でコントロールできる金額を決めることが重要になります。

筆者は、経験が少ないうちは、頭でイメージできるようになっても、何かあったときに資金ショートを起こし、対応できなくなるのを最大のリスクとして捉えていたので、木造アパートを中心に拡大していく戦略を選びました。

出口の取り方も対応しやすい木造物件

木造アパートをおすすめする理由に、出口の取りやすさがあります。

木造アパートの出口は、次の3つがあります。

① 収益物件として売却をする

② 建替えをして新築物件にする

③ 更地にして戸建用地もしくは土地として売却する

まず、1つめの収益物件として売却するについては、次のとおりです。

よく不動産投資は、出口戦略が重要だといわれていますが、なぜ出口が大事かというと、売却して初めてすべての利益が確定するからです。

確かに、売却後、損をして、今までのキャッシュフローがすべて吹っ飛ぶ状態になってしまうと、何んのために不動産投資をしていたかわかりません。しかし、あからさまな高値掴みをして購入していなければ、損をせずに売却が可能です。

収益物件として売却する場合、築年数が経過していても、しっかりと家賃収入がとれる状態であれば、売却するのはハードルが高くないのです。確かに、建物の価値は、20年を過ぎてくると実質0になります。しかし、収益還元法で物件の売り値を決めて取引ができるので、土地値以上の値段での売却ができるということになります。

例えば、築30年の木造アパートで、土地の価値が1，５００万円、建物の価値が実質０円だとしても、このアパートからの家賃収入が年間２５０万円であれば、利回り10％で売却すると2，５００万円で売れます。

仮に、周辺の同じような築年数の物件のキャップレートが11％ぐらいだとすると、12・５％の利回りで売りに出すことで、他の物件より魅力的なキャッシュフローが出る物件として売却のスピードを速めることも可能です。利回り12・５％で売却しても2，０００万円で売却したことになるので、土地値より高くなります。

最悪、土地値で売却したとしても、残債が土地値を下回るまで保有して売却するだけです。こういった待ちのスタンスがとれるのも、コストが低い木造アパートの特徴といえるでしょう。

次に、建替えをして新築物件にするについては、次のようになります。

ローンが少ない状態や、すでになくなっている状態であれば、解体して新築を立て直しても、融資を受ける金額は、ほぼ建物代で済みます。今まで、土地と建物の金額の融資を受けて、家賃収入から返済をしても、キャッシュフローが出ている状態の物件であれば、建物代のみの融資で新築が手に入るので、十分なキャッシュフローを保つことができます。

例えば、土地2，０００万円、建物3，０００万円の物件を価格5，０００万円で購入したとします。この物件から入る家賃収入が、年間４００万円。金利2・3％で30年の融資を受けた場合、月の返済は約20万円です。なので、家賃収入33万円－20万円＝13万円が残ります。

物件が、30年経ち、ローンがなくなったときに建替えをすると、建物3，000万円の金額で融資を金利2・3％、30年で受けると、月の返済は約12万円です。家賃収入33万円－12万円＝21万円となるので、建て替えて保有するのも1つの手になります。

また、土地を担保として融資を受けられるので、持出しをせずに融資を受けることができるのもメリットです。

最後に、更地にして戸建用地、もしくは土地として売却するについては、次のとおりです。

アパートの最終系は、更地での売却になります。結局、ローンを払い終わって売却すると、今までの家賃収入＋土地の売却値で利益確定をさすことができます。しかも、アパートの規模にもよりますが、戸建需要があるエリアであれば、2区画～3区画の戸建用地として業者への再販も可能です。このように、木造アパートは、出口の取り方が、建て壊しをして更地にしても、利益確定することができます。

また、不動産事業をしていると、5，000万円ぐらいの価格であれば、現金買いで買われたりしています。なので、よい物件が木造で出ると、買付けの競争に勝たなければいけないのですが、現金決済のライバルが現れると太刀打ちできません。

現在は、法定耐用年数を超えての25～30年の融資をしてくれる金融期間が増えているので、サラリーマンでも5，000万円以内であれば買いやすい価格に設定できるため、売却ターゲットをサラリーマン、資産家、投資家、業者、海外の方と幅広く設定できるのも、出口を考えたときに有利な戦略となります。

覚悟すればブレない経営判断が持てる

不動産投資をやっていると、いろいろと判断がブレてしまうことがあります。狙っているキャッシュフローだったり、物件の条件や状態だったりと、すべての希望が満たされている物件が出てくるのは、本当に稀なケースです。なので、買える物件を買うという状態に陥りやすいのです。

この買える物件があるから買ってしまったが続くと、自分ではコストコントロールできない経費が必要だと気づいたときには、売却をしなければいけなくなります。しかも、売却すると、損切りになってしまう状態であれば、悔やんでも悔やみきれません。

自分自身がコストコントロールできる金額が決まれば、まずはその範囲で賃貸経営業が続けられる物件を所有するのがオススメです。そこにたとえ融資の壁が出てきたとしても、本当に購入する方法はないのかを考え、交渉を行うのを繰り返し努力することで、新たな金融機関や融資条件の変更などの道が開けてきます。

こういった目安や物差しが自分自身の中で確立できると、１日に20物件の情報が入って来るようになっても、１分で物件の判断ができるようになります。

どんなに探しても出てこない場合は、エリアの変更を検討してみるのも１つの手です。そうすることで、マーケット知識も増えますし、自分の希望している物件が手に入る可能性も上がってきます。

流行りに乗るときこそ判断の軸をしっかり持つ

ここ3年半ぐらいの中で、2回ほど流行りがありました。何かというと、シェアハウスとAirbnbです。経営の判断軸がブレると、学びがない状態で流行りに乗ってしまいます。キャッシュフローが出ると思いシェアハウスを購入したけれども、当初の計算とは違い、入居者の安定化を図れず、結果的にキャッシュフローが通常の賃貸経営と変らなかったり、それ以下になってしまったりなどがあります。

また、労力をかけずに運営をする予定が、予想外に入居者トラブルが相次ぎ、割に合わなくなってきたなどもあります。

シェアハウスをチャレンジした方も、きっと、今の不動産規模の拡大の1つとして、前向きな判断でチャレンジしたはずです。しかし、自分がコストコントロールできる幅や運営面でのリスクヘッジの判断がないと、みんなやっているからやってみよう精神になり、気づけばブレていたということになりかねません。

インバウンドの影響でホテルや旅館が不足した結果、民泊で収益を上げることが可能になりました。この民泊で火がついたのがAirbnbです。

こちらのモデルは、本質的に賃貸経営業というより、ホテル事業の性質が強いビジネスモデルです。なので、賃貸経営業と同じ要領で始めるのには、リスクがあります。

自分自身でコントロールできる管理の仕組みをつくれると、短期的なキャッシュフローは魅力的なものがあります。しかし、手間がかかる分、業者に任せるスキームで行うと、初期費用や売上のバックマージンといったように利益が取られてしまうので、せっかくの爆発的なキャッシュフローを手に入れるモデルに対して旨みが少なくなります。

法律の規制もいつ変わるかわかりません。そのリスクを負った上で行うのに対して、利益が業者に奪われているのはもったいないですね。

このように、他の方法でも稼げるのではと思うことが、不動産関連でいろいろと出て来ます。しかし、本来、目指していたことに対して、組合せとして相性がよいか、ストレスなく運営できるスキームになっているか、万が一というときに収益の補填は問題ないのかなど、しっかり計画しなければ、後でやらなければよかったという状態になるかも知れません。

初めに経営しやすいのは木造アパート

ＲＣと木造の違いを大きく纏めると、コストの大きさと構造の違いの２つになります。

構造の違いで、入居者からは、ＲＣのほうが見栄えがよく、人気の声も多いのは確かです。木造物件は、騒音など懸念される点もあります。しかし、実際、賃貸経営をしていると、構造が問題で入居者が入らないということはないです。やはり、コストパフォーマンスが適正かどうかのほうが重要になってきます。

ＲＣは、建築コストが高い分、家賃も高く取れます。木造は、逆で、コストが安い分、賃料もＲＣよりかは安く提供することができます。この差が、経営に影響をどこまで及ぼすのかは、買う前の収支のシュミレーションで、一定レベル把握することが可能です。なので、収益が出る物件を購入すれば、一定ラインで安定化していきます。

しかし、ＲＣ、木造といった特性上のコストは、いくらリフォーム会社や管理会社など工夫して安く仕上げることをしたとしても、大幅に変わるかというと、そこまでは変わりません。であれば、コストの幅が少ないほうが、いざというときに現金が必要になっても用意ができるので、生き残れる可能性は高くなります。なので、個人的には、木造アパートで経営していくのがオススメです。

集中と分散であればまずは集中から

特に、お金と自由がないサラリーマンが、不動産投資で経済的自由を目指すのであれば、なおさらのことだと思います。お金がない間は、ないなりの戦い方をしながら、お金を増やすことが重要です。

よく投資は、集中と分散とありますが、まさにお金がない間は集中の戦略が大事だと思っています。お金がないのに分散しても、複利効果が少ないので、大した利を得ることができません。なので、集中するしかないのです。集中で巨額な借入れをしたとしても、失敗しないためにリスクコントロールを覚えることで、変に臆せず、レバレッジを収益物件に対して効かすことができるようになります。

こうして徐々に物件が増え、キャッシュフローに余裕が出てくると、今度はお金がある戦い方ができるようになります。そうすると、自分がリスクコントロールできる金額が、５００万円から８００万円、１，０００万円と上がってきます。そうすると、突発的にいつイレギュラーが発生しても資金を用意できるので、重量鉄骨、ＲＣとコストが大きい物件を増やした拡大戦略が打てるようになります。

また、規模を拡大して、スケールメリットが出てくると、リスクの取り方も楽になります。

代表的なのが空室です。１部屋で１室空室になると、１円も収入が入って来ないので、返済金額を１００％持ち出すことになります。しかし、10部屋で１部屋空室が出たとしても、10％の収入減で抑えることができるので、返済比率が50％だと40％の利益が残る状態になります。そうすると、経営に余裕が持てるので、入居づけの対策も焦った判断をせず、冷静に判断を下すことができるようになってきます。これが20部屋、30部屋、40部屋と母数が増えれば増えるほど、収益は安定化していくので、スケールメリットを享受できるようになります。

自然災害のリスクもスケールメリットでカバーする

今まで、経営のリスクコントロールの内容をお伝えしたのですが、もう１つ不動産経営をするに当たり、避けては通れない災害リスクがあります。

災害、自然災害は、火災保険や地震保険で対応できるものが次のように7つに仕分けることができます。

①　火災、落雷、破裂、爆発
②　風災、雹災、雪災
③　水濡れ
④　盗難
⑤　水災
⑥　破損、汚損等
⑦　地震、噴火、津波

これら災害を保険でカバーできる範囲であれば、安心して不動産経営をしていけるのですが、注意しないといけないのが、地震による火災と地震と火山灰です。理由は、必ず100％保険が降りるとは限らないからです。しかも、地震保険は、火災保険の50％までの上限になります。

例えば、6，000万円で物件を購入した場合、6，000万円の火災保険に入ったとします。もちろん、地震大国の日本なので、地震保険も用心して加入したとします。買った直後に地震が起きて、運悪く、全壊した場合、地震保険は火災保険の上限50％と決まっていますので、3，000万円までしか保険適用になりません。残債が6，000万円残っていれば、収益を生む建物を失ったにもかかわらず、３，０００万円の借金が残ってしまいます。

地震による火災も火災保険の適応ではなく、地震保険での適応になります。なので、地震のときと同じロジックになるため、残債が残ってしまいます。その火災で、半壊とも認められずに保険会社に一部損として診断されてしまうと、入居者が住める状態ではないにもかかわらず、５％しか保険が降りません。これでは、全くリスクヘッジができません。

ちなみに、近年、富士山の噴火の影響で火山灰が取り上げられることが多くなりましたが、この火山灰は保険では対応していません。というように、火災保険も万能ではないということです。結局のところ、災害が起きると、自己資金で補うことが必要になってきます。

しかし、スケールメリットが活かせるようになると、このリスクをかなり軽減させることができます。空室の考え方と同じように、１棟だけ保有している状態で災害が起こり、毎月の支払いができなくなると、サラリーマンの給料で補填が効かなくなる可能性が高いです。

例えば、４棟保有していて、２棟が被害を受け、収入がストップする状態になったとしても、残りの2棟のキャッシュフローで家賃収入がストップした2棟の残債を払うことができると、サラリーマンの給与から持ち出すことをせず、安心して生活が送れます。

このように、50％の物件が、何らかのアクシデントでキャッシュフローが出なくなったときに、融資を受けているため返済だけが発生するようになります。その返済を残りの50％の物件が生み出すキャッシュフローで補うことができる状態をつくれるのが物件の棟数を増やしていくことになります。棟数拡大をしていき、スケールメリットを最大化させることで、避けては通れない災害リスクをカバーできます。

エリアで分散するという考えもあるのですが、どこのエリアで災害が起こるかわかりません。同じエリアでも、すべてがダメになるわけでもありません。違うエリアで分散していたとしても、補填ができなければ意味はありません。だからこそ、よく知らないマーケットで勝負するよりも、しっかりと自分自身がコントロールできるエリアで、集中して投資をした結果、リスクが分散されている状態をつくることが、最も予期せぬ災害時に効くリスクコントロールとなるわけです。

2棟3棟と増やすことは、収益のアップだけではなく、リスクに対しての対策も強くなっていくので、一定規模まで拡大するのは逆に安全だといえます。

一定規模まで拡大し、保有物件の40％で残りの60％がカバーできる状態や、30％で残りの70％がカバーできる状態を中長期の計画に入れ、目指していけるのが理想です。

その状態をつくるためにも、自分はどこまで規模拡大をする必要があるのかを考えた上で、スケールメリットを活かすことが、最終的に不動産でのリスクヘッジになります。あくまでも、その手助けとして火災保険が存在するので、火災保険に入っているから、災害時のリスクヘッジは大丈夫と思わず、多面的に視野を広げることを忘れずに対策を考えましょう。このように、リスクコントロールの考え方やスキルが上がれば、不動産経営で破綻リスクを回避することができるようになるので、覚悟を持った上で、判断やアクセルを踏むことができるようになります。

第3章

脇式マーケティングで勝つべくして勝ちに行く

W

不動産で唯一変えられないのは立地

筆者が不動産経営を始めてから、6棟を手がけ、内1棟を売却するまでに、何故、家賃収入が大きくブレずに、手残り月100万円を安定的に稼いでくれる仕組みがつくれたのかを本章でお伝えします。

多分、不動産投資を始めようと思われた方は、初めに物件の収支を気にして、物件の利回り中心に調べているかと思います。脇式は、ピンポイントでエリアを決めてから、物件探しを行う手法をとっています。

例えば、「A駅のA町からC町までの範囲」というような決め方です。何故、このように小エリアで投資エリアを決めているかというと、不動産で唯一、買った後で変えることができないのが立地だからです。この立地で負けると、致命傷になるからです。

マーケティングでは、3C4P分析がよく用いられます。この分析は、何に効果的かというと、競合に勝つためにどこが強みなのか、または、弱みなのかを検証できる点です。要は、競合物件より魅力的な物件であることが、部屋探しをしている人に伝われば、空室リスクは限りなく少なくできるということです。

どんなに規模拡大しても、入居者がいないと家賃収入は入ってきません。そして、不動産は、マックスの売上が決まっています。なので、いかに売上を低下させずに安定化できるかが、重要なポイントになってきます。

３Ｃ４Ｐ分析の３Ｃとは

３Ｃ４Ｐ分析の３Ｃは、次の項目です。

① Customer（顧客）自社の製品やサービスを利用する潜在顧客はどんな人か。
② Company（自社）自社の売上高や市場シェア、ブランドイメージ、技術力はどのぐらいか。
③ Competitor（競合）競合相手はどんな商品、サービスを提供しているのか。

この３Ｃ分析では、自社の現状を把握することに活用します。３Ｃを大家さん目線で転換すると、顧客＝入居者、これから入居をする人。自社＝保有物件、狙っている物件。競合＝周辺の物件となります。これらを把握することにより、狙っている物件の強みと弱みがわかるようになるので、強みは活かし、弱みは手を加えることで、競合より強くなるかどうかを検討することができます。

３Ｃ４Ｐ分析の４Ｐとは

３Ｃ４Ｐ分析の４Ｐは、次のような項目です。

① Product（製品、サービス、品質）
② Price（価格、割引）
③ Place（立地、流通、販路）
④ Promotion（広告宣伝）

この４Ｐ分析では、競合と比較して「優れていれば○」「弱い場合は×」として並べることで、自社の強みと弱みが競合相手と比べてどうなのかを把握でき、課題を発見することができます。

つまり、何をするのかが経営戦略で決まるということです。こちらも、大家さん目線で転換すると、製品＝物件、価格＝家賃、入居条件、立地＝駅徒歩分数、交通機関、広告宣伝＝仲介会社への紹介、ネット広告媒体の掲載となります。

この中でも、3C分析を基本にして物件を探すのですが、4Pの立地で負ける物件を選んだ場合、他のPを競合物件より優れている状態に変えなければいけません。しかし、不動産では、プロモーションにおいては、さほど変わりはないことが多いのが現実です。

すると、自ずと物件のスペックと価格でのサービスの戦いになってきます。この状態になってしまうと、物件スペックで競合負けしていなくても、入居者が入らない場合は、絶対的な価格での勝負に突入してしまいます。これは、賃貸経営をする人にとっては、最終手段になってくるので、できれば使いたくはありません。

4P分析の4つが○であれば、競合物件に対して心配することはないのですが、立地を捨てた瞬間に、2／4で付加価値を最大化させる戦略になってきます。これでは、20年、30年と経営していくに当たり、正直しんどい状態になってきます。なので、不動産は、立地が最重要であることがわかります。

もっとも、立地といっても、東京都渋谷区や新宿区といったように、日本人ならば誰しもがよいと思う場所を設定するわけではありません。脇式の立地の設定の仕方は、「入居者の導線が引ける場所」です。この場所を見つけた上で、物件を探し、購入するというスキームで、購入後の入居者の安定化を図り、収益の変動をよりなくすことを実現しています。

では、どうやって小エリアまで絞り込んでいるのかをお伝えします。

入居者が常に入ってくる状態をつくるための立地探し

よい場所を探すためには、入居者ニーズを把握しなければいけません。しかし、物件情報ありきで探している方が多いのが実情ではないでしょうか。その場合、探しているエリア情報は、物件を仲介する不動産会社の方に聞いたりしているケースがよく見られます。

しかし、彼らは、販売のプロではありますが、一般の入居者を客づけしているプロではありません。大体がマーケットデータからの推測か、個人的な意見のオンパレードになります。できれば、エリアでの物件の集客力の見方は、フラットに客観的に把握したいものです。

ということは、そういったデータや現場の経験値が必要になります。よく部屋探しをするときに、まずはどこに人が動くのかを考えると、物件探しの仲介会社になります。駅前などにある、アパマンショップや、ミニミニ、エイブル、ニッショーといった仲介・管理会社がメジャーです。そのほかにも、町の不動産会社はありますが、傾向と対策を考えるときは、膨大なデータがある会社のほうが結論を出しやすいので、大手仲介会社を活用したほうが話は早いです。

これらの大手の管理会社へヒアリングしに行くところから、入居者導線を引ける立地選定をしていきます。
ヒアリング内容は、次の5点です。
① 御社の管理物件で入居者ニーズが高い立地条件をベスト3まで教えてください。
② 御社の管理物件でお金をあまり使いたくないけど、立地条件も捨てたくないというお客様に、案内する穴場エリアを教えていただけませんか。
③ このエリアで1Kタイプの物件であれば、閑散期でも案内したら決められる物件スペックと、家賃を教えていただけませんか。
④ 繁忙期である1月〜3月の家賃のマックスは、いくらの値段で決まっていることが多いですか。
⑤ 案内するお客さんが絶対に妥協しないポイントや、妥協して捨てるポイントを教えていただけませんか。
この5つのヒアリングを行い、周辺の管理会社が共通して教えてくれる立地が、強いことがわかります。また、穴場エリアを確認しているのも、仮住まいを探している入居者のわがままニーズを叶えるとしたら、営業案内でどこの場所であればコスパがよいと案内しているのかを、確認するためです。

同時に、家賃の値づけで成約しやすい相場観と、物件のスペックや付加価値を確認することで、これから購入する物件の部屋の間取りや、付加価値をプラスできる物件かどうかの見極めがしやすく、物件購入時の価格の交渉材料にするためでもあります。

この大手管理会社へヒアリングをしに行く行動を繰り返すことで、投資エリアの小エリア候補が増えてきます。需要があるエリアを見つけることができ、その小エリアで物件を獲得することができれば、４Ｐ分析の立地で負けることはありません。それに、場所で迷わなくなってくるので、物件探しの効率化にもなります。

ここは、どうしても労力がかかるポイントであり、労力をかけても抑えておきたいポイントでもあります。理由は、不動産は、買ってからが本当の意味で始まりとなるからです。

買ったときは、満室で収入面で困らなくても、いずれ退去していきます。そのときに競合負けして、長期間空室が発生したり、立地条件が悪く、値引での集客をするしか対策が打てなくなると、想定していた収入を下回り始め、損をする可能性が高くなるからです。

この行動を繰り返していくと、土地が高くないエリアでも、入居者の導線を引けるエリアの発見ができるようになってきます。もちろん、物件価格も土地が高いエリアよりも安く、誰しもが知っている投資エリアではないため、地場の地主との勝負になってくることが多いです。地場の地主だと、大して対策をしていないことが多いため、付加価値次第で有利になりやすい傾向があります。

管理会社の力を把握する

自主管理でなければ、管理会社に客づけを依頼する形になります。そこで、管理を任せている管理会社の客づけ力が弱いと、空室が出てもなかなか埋めることができません。したがって、空室が発生しても、すぐ満室にできる力を持っている管理会社を選ぶ必要があります。

筆者自身、神奈川県相模原市の橋本駅の周辺の物件を購入したとき、管理会社での失敗の経験があり、そこから管理会社の力量を把握するように努めています。

管理会社の力量的なものは、管理物件数や入居率98％的な表現をしてアピールしているところが多いですが、それらは実際のところあまり重要ではありません。では、どうやって把握するのかというと、入居者のターゲットを分解すると、簡単な見極めができるようになります。

賃貸で物件探しをしている人を大きく分けると、社会人と学生に切り分けることができます。このメインターゲットが、部屋を探すときの行動としては、ネット媒体での検索が多いです。なので、管理会社がネット媒体への掲載をどのくらいしているのかによって、発見率が変わってきます。最近の管理会社では、ネット媒体の掲載が少ない会社はあまりないとは思うのですが、念のため確認しておきます。

管理会社の優劣に差が出てくるのは、社会人のターゲットへのアプローチが強い管理会社かどうかという点です。これも不動産業界の面白いポイントなのですが、管理会社によっては、管理エリアの法人提携を独占しているエリアが存在するからです。

投資エリアで、管理会社が5つあった場合、周辺企業の提携を結んでいる管理会社が1社しかなかったとき、その会社は他の4社の管理会社より圧倒的に有利になります。企業提携を結んでいるということは、優先的に春と秋の人事異動時期に企業から紹介をもらえる導線を確立しているので、

1年間の中で2回大きな空室を埋める可能性を持っていることになります。企業提携を獲得していない管理会社は、この導線がないため、人が動く時期にネットでのプロモーションや来店された人を獲得しにいく武器しかありません。大きな差が生まれるのは当然でしょう。

このように企業提携を獲得している管理会社は、人事の時期に企業訪問を行い、物件のプレゼンを行って、企業が人材の異動場所の確保を早い段階で決めてくれたりします。なので、管理会社の力量を把握するのには、企業提携のシェア率を確認し、1番シェア率が高い管理会社に頼むのがおすすめです。

学生に対しては、学校提携があるのですが、ほとんどの大学が管理会社と独占して提携しているということはなく、周辺の管理会社すべてにルートが存在しているため、競合優位性がそこまでは生まれてきません。

エリアが決まれば物件探し

事実確認をして、エリアが決まれば、いよいよ物件探しに突入です。基本的には、ネットを活用して探す形となります。代表的なサイトをここでは紹介したいと思います。

●楽待《らくまち》（http://www.rakumachi.jp）

国内最大級の収益物件情報サイト。登録物件数が約4万1，０００件（平成28年2月時点）と情報量が多く、検索しやすいのが特徴。その反面、不動産投資家や業者が必ずチェックしているので、よい物件情報が出ると、1日と持たず、なくなっていきます。

●健美家（https://www.kenbiya.com）

大手の収益物件情報サイト。登録物件数が約3万5，000件（平成28年2月時点）と情報量が多く、見やすいのが特徴。こちらのサイトもよい物件情報はすぐなくなっていきます。

●不動産投資連合体（http://www.rals.co.jp/invest/）

物件登録件数は約6，700件（平成28年2月時点）と小ぶりだが、楽待や健美家に載っていないお宝物件が掲載されていることがあるため、必ずチェック。

●アットホーム投資（http://toushi-athome.jp）

ほかのサイトに載っていないお宝物件が発見できるサイト。不動産会社がレインズに載せる前に直接、アットホーム投資に載せているケースあり。

●不動産ジャパン（http://www.fudousan.or.jp）

不動産会社が加盟している団体が運営をしているので、他のサイトに載っていない物件が発見できる。活用頻度は、たまにでよい。

●日本住宅流通（http://www.jyutaku.co.jp/kanto）

大和ハウスグループの物件サイト。基本的には、一般向け住宅だが、地主向けに大和ハウスが収益物件をつくっていたりするので、相続案件の情報がグループ会社の日本住宅流通に流れてくることがある。月100万円のキャッシュフローを決めた物件も、このグループ会社のおかげです。

これらのサイトを活用して、狙うエリアの物件情報を探します。自分が欲しいキャッシュフローが出る物件や、気になる物件を発見した場合、問合せをしてみましょう。このときに注意しなければいけないのは、若干のバッファを持って検索していくことが大事です。物件価格や利回りは、現段階での売主の販売希望価格だということを頭に入れておきましょう。実際は、交渉して、金額を安くできる可能性もあるからです。

問合せをするときには、次のような資料請求も同時に行ってください。

・物件のスペックがわかる資料
・レントロール（入居者状況や家賃がわかるもの）
・固定資産税
・登記簿謄本

これらの資料があると、物件の概要がしっかり掴めるため、非常にいいのです。不動産会社によっては、問合せの時点では、固定資産税と登記簿謄本の資料がない場合があるので、最低でも物件のスペックがわかるものと、レントロールは手に入れておきましょう。

レントロールを仕入れたときに、高すぎる家賃の部屋や安すぎる家賃の部屋があった場合は、注意が必要です。

高すぎる家賃の場合は、新築時から入居者が継続して住んでいる場合があります。この場合、退去が起きると、相場での家賃募集を行うため、家賃下落の可能性があります。

また、安すぎる家賃がある場合も、生活保護者が入居している可能性があります。他の部屋が5万円の家賃に対し、1部屋だけ3・5万円の家賃の部屋があったりすると、可能性が高いです。退去後、家賃が上がる可能性が高いですが、生活保護の方が退去していく可能性はそんなに高くないケースが多いので注意が必要です。

不動産会社は常に3～5社は囲っておくのがベスト

資料を見て気になれば、早速、不動産会社にアポを取り、会いましょう。急で会えない場合でも、担当者と電話で連絡をし、面識をつくっておきます。そうすることで、「どんな物件情報が欲しい人なのか」や、「目指しているビジョンは何か」を共有することができるので、条件に合う物件をネットで調べた物件以外で紹介して貰える可能性が高くなるからです。

不動産会社によっては、レインズに登録する前に顧客に情報を流すことがあるので、いち早くその情報を手に入れることが重要です。いわゆる川上物件というやつです。

不動産会社の担当者と関係性ができると、川上物件情報が流れてきます。会社によっては、メルマガで流している会社もありますが、担当者と関係性が構築されていると、欲しい物件のビジョンがわかっているため、情報を仕入れた瞬間に担当者から太鼓判付きで紹介が入ってきたりします。このような情報を3～5社の担当者から貰える状態になると、生産性が上がってくるので物件を調べる時間が効率化していきます。

筆者も、昔は、１日３時間は仕事後にパソコンに向き合って物件情報を調べている生活を続けていましたが、今では暇な時間にネットで情報を確認するぐらいで事は足りている状態になっています。その他は、一緒にパートナーとして物件を紹介してくれる頼もしい担当者が複数いるおかげで、ほぼ労力をかけずに物件情報を取得できるスキームが出来上がっています。

このように、最初は時間と労力がかかるのですが、少しずつアウトソーシングできる状態をつくることで、時間の自由化が図れていきます。

安定経営をするためにも管理会社の営業マンと向き合う

脇式マーケティングで、狙うエリアが決まり、物件を取得した後に大切なのは、家賃収入の安定化を図ることです。

立地条件で勝ちやすいからといって、気は抜けません。あくまでも、競合優位である１つの要素をしっかり押さえているだけに過ぎません。４Ｐすべてを抑えることで初めてアクションの最大化になります。

その他のＰも抑えた前提で、さらに管理会社の営業マンとタッグを組む必要があります。営業マンを味方につけることができると、空室になっても優先的に客づけをしてくれるからです。空室期間が短ければ短いほど、賃貸経営の利益は安定して入ってくるので、実際の現場で物件を紹介する営業マンの力は必要です。

もし、味方につける術を何も講じていない場合、「当《あて》て物《ぶつ》」にされている可能性もあります。当て物とは、入居者の希望に対しての本命物件を提案する前に、合わない物件を何室か提案する物件です。そうすると、一番最後によい物件が出てきた演出ができるので、入居者に多少希望に合ってなくても、ここが一番よいと思わす営業手法です。

管理委託している管理会社の営業マンに本命で提案されているなら安心ですが、当て物に使われていたらたまりません。しっかり、本命提案をしていただく握りを営業マンと話しておくことが大事です。

良好な関係を構築するためには、賃貸経営での大家としてのスタンスを共有する必要があります。本気でこのビジネスをしていることが伝われば、むげに扱われることは少なくなります。また、俺は管理を依頼している客だぞ！　のスタンスで接していると、営業マンも人なので応援したくなくなってしまいます。なので、相手を思う気持ちや立場を考えた上で、人としての対応がまずは大切です。

ややこしい、うるさい、提案を聞いてもらえないが続く大家と、営業マンの話をしっかり聞き、提案を参考にし、相手の努力を認めた上で、一緒に伴奏してくれる大家では、どっちのほうが営業マンに好かれやすいかは、一目瞭然ですね。

営業マンに決済の幅を持たす

実際に、部屋探しのお客さんに対峙しているのは、管理会社の営業マンです。その時間帯は、サラリーマン大家であれば、思いっきり本業の仕事中なので、管理会社の営業マンから入居希望者から家賃の交渉が入ったという連絡があっても、すぐに電話がとれるかどうかはわかりません。

返事が返せない間に、入居希望者は他の物件でも比較検討をする時間があるので、チャンスを逃す機会損失に繋がる場合も少なくはありません。せっかく空室を埋めるチャンスを取り逃がしたとなると非常にもったいないです。賃貸経営では、1人の入居希望者を逃すと、次月まで内見がなかったというケースもあります。しっかりチャンスは掴みに行ったほうがベターです。

とはいえ、働いているので、必ず連絡が取れるわけでもありません。そんなときに、戦略的にも役に立つのが、管理会社の営業マンに家賃の決済金額の幅を持たせておくことです。そうすれば、入居希望者から値段交渉があったとしても、営業マンが大家に連絡を取りに行く振りをして、あたかも「すぐ申し込んで決めてくれるなら、特別に家賃を値下げします」とクロージングがかけられるので、チャンスを掴みやすい状態をつくることができます。

筆者の場合は、家賃2，000円～3，000円は管理会社のどの営業マンも決済の幅を持たせた上で、営業をかけてもらっています。

家賃の決済を営業マンが持つことで、5万2，000円の部屋が2，000円下がり、5万円ちょうどでキリがよくなれば成約しやすいと思えば、積極的に物件を案内してくれるようになります。このサイクルが管理会社の営業マンの中で浸透すれば、本命物件として提案してくれます。

また、1月～3月のように転勤時期になると、人が動き始めて空室を埋めやすくはなるのですが、

【図表7　入居者プレゼントツール】

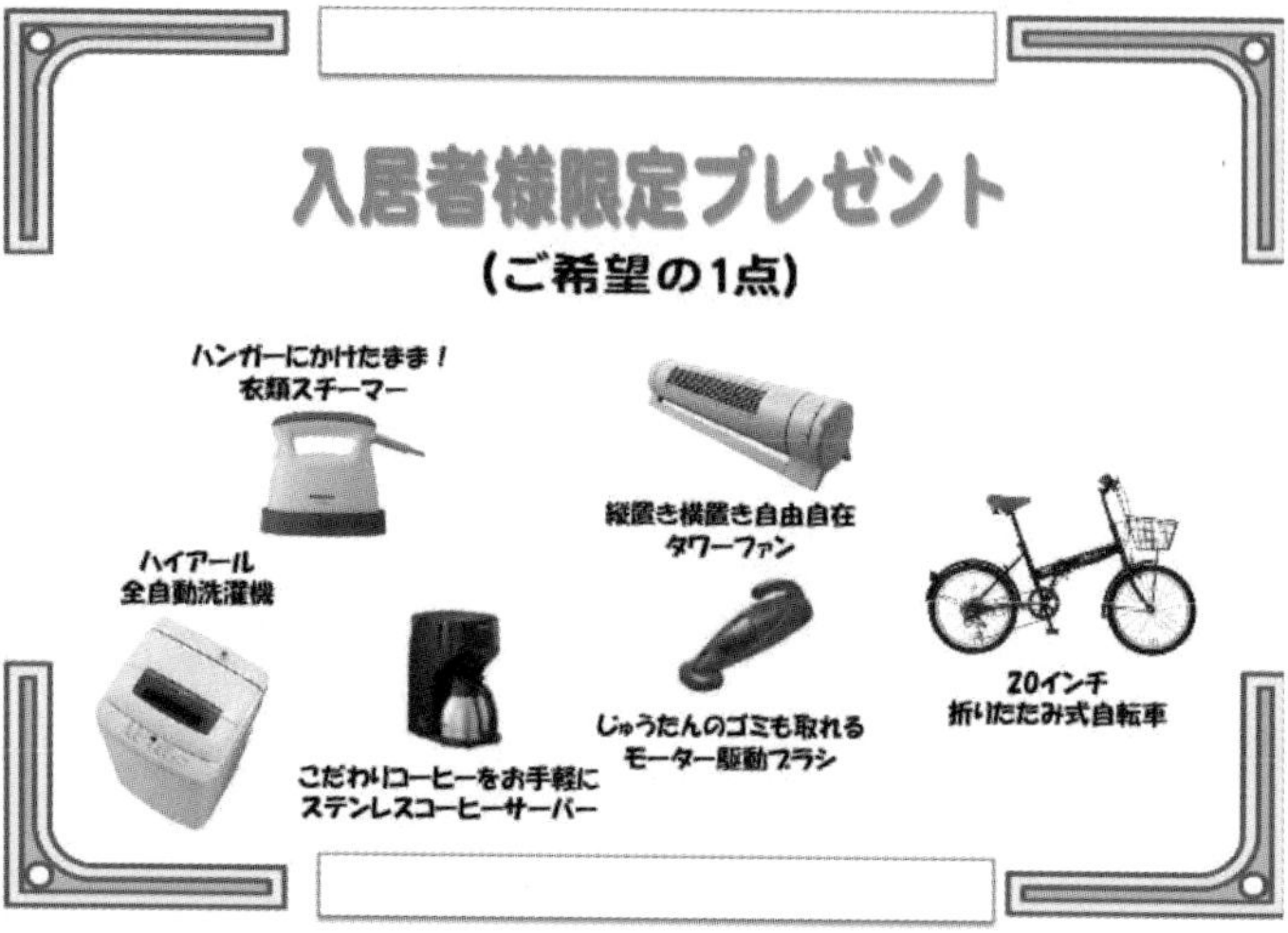

同時に退去も起こります。退去が発生すると、すぐに原状回復などをしなければいけないので、すぐに内見ができません。となれば、部屋の中を見てから決めたいという入居希望者を取りこぼす可能性があります。

そのため、3月が過ぎ繁忙期を逃してしまってはもったいないので、内見できない代わりに、間取りの図面や写真で決めていただけたら自転車や洗濯機などの生活品をプレゼントするというキャンペーンで対策を打ちます。

キャンペーンツールを管理会社の営業マンに渡しておけば、提案をしっかりしてくれます。もちろん、成約率も上がるのでおすすめです。キャンペーンに使用する商品も安く仕入れているので、1万円～2万円の幅です。この中から1つ選んでもらい、自分の物件に住んでいただけるなら安いものです。

不動産投資はチームづくりが大切

不動産投資をするに当たって、売買の仲介会社、管理会社や金融機関というように、面識のない方とのやり取りを同時に行います。そんな担当者たちの心を掴み、関係性を深めていかなければ、よい情報や条件などに行き着けない現実があります。

しかし、いちいち信頼関係を少しずつ積み重ねていくには時間もかかりますし、物件は待ってはくれません。結局のところ、不動産投資は、コミュニケーション能力が大事といわれています。

もっとも、初めから知合いの担当者ばかりではないので、担当者からこいつは面倒くさい、判断力がなくなかなか買わない客だと思われてしまうと、見切りをつけられ、スルーされてしまいます。これでは、いつまで経ってもよい物件が見つからない、融資が伸びないという状態になり、限界値をこんなもんだと決めつけ、諦めてしまう人も少なくはありません。

それは、もったいないことです。そこで、コミュニケーションが苦手な人でも、意識をすれば上手にマネジメントが効き、自分のチームをつくれる簡単な方法をお伝えします。

担当者をしっかり動かす簡単にできるマネジメントの方法

まずは、売買の仲介の不動産会社や金融機関の担当者に、物件を買える客だということを認識させなければいけません。これは、様々な不動産投資の書籍で書かれているように、重要なポイントになります。買える客であるために、エビデンスとなる資産表や現金の保有額をしっかり提示しましょう。

ここから売買の仲介の担当者、金融機関の担当者、物件管理の担当者と3人と良好な関係を構築していくのですが、初めから気張らず、必要なやり取りを行ってください。気張り過ぎると、相手が接しづらくなってしまうので、逆効果です。自然なやり取りの中で、この人は不動産を上手に回しながら利益を上げていける人だと感じて貰う必要があります。

要は、仕事ができる人だと認識をづけることができれば、下手な対応が取りづらくなります。でも、決して威圧してはいけませんし、俺は客だぞオーラも出してはいけません。あくまでも丁寧かつ相手を尊重しながら接していくことが大前提です。その中で、ちょっとした工夫を入れることで、手を抜けない状態をつくり出すことが重要です。

その方法は、「すべてのやり取りに期限を切る」ことです。不動産投資では、不動産の購入や金融機関への融資や入退去のやり取りなど、たくさんの資料や取り決めのやり取りが発生します。そんなときに、連絡や資料のやり取りがスムーズにいかないと、お互いストレスになりますし、各担当者から催促の電話もかかってきます。ストレスなくスムーズに仕事をこなすことで、相手からの印象や仕事に対しての丁寧さが伝わります。

これを簡単に演出するためには、資料1つのやり取りに対しても、「明日の18時には資料を送りますので、目を通していただいたら21時までに返事を確認したいのですが、お時間のご都合はよろしいですか」や「売主の売却理由を確認しますと言われても、何時までに確認でき、ご連絡いただけますか」など、期限を切った上でコミュニケーションを行うことで、きっちりしている人であり、期日が決まっていると相手も約束した状態になるので、無下にできなくなってきます。

担当者に対して、効率よくスピーディーに動いてもらいながら、関係性を深めていくためには、マネジメントが必要不可欠になります。その中でも、無理なコミュニケーションをせずに、簡単に相手を動かすには、「期限を切ったコミュニケーション」が最も簡単な方法です。

よく、よい情報を担当者から貰うためには「飲みにケーション」が大事といわれていたりしますが、特段、飲みに行かなくても、よい情報はいただけるようになりますので、まずは汎用性の高い「期限を切る」をおすすめします。

結果的に関係性が深まり、この先も物件を拡大してまた一緒に仕事がしたい人として印象づけできると、たとえ物件購入ができなかったり、融資が通らず見送りになったとしても、担当者との信頼関係は壊れず、逆に強いものとして残りますので、チーム形成が自然とつくれるようになってきます。

自分だけの不動産チームがつくれると、物件情報から融資までのスピードが上がり、とても効率的になります。また、物件を買う前に、自分が今回融資を受けられる金額を先に把握できるようにもなるため、その条件に合った物件を探すこともスムーズに行えるので、とても効率的です。

ちなみに、筆者は、この不動産のチームを4チーム持っています。チームは、多くても損はしませので、ぜひみなさんもチームをつくることを楽しんでやって見てください。信頼できる強いチームをつくることができれば、成功したときの喜びも皆で分かち合えるので、楽しくお金を稼ぎながら不動産経営ができるようになります。

つくったチームから新たな仲間が増えてくる

チームづくりをしていると、チームメンバーから不動産にかかわる業者の仲間を紹介していただけることが増えてきます。この紹介で新たに出会う仲間は、よりWIN-WINな関係を初めから構築しやすい仲間になります。

筆者の経験でいうと、メンバーである金融機関の担当者から、自動販売機メーカーの担当者を紹介していただきました。自動販売機は、利回りアップや入居者の満足度の向上ができるため、たくさんの大家さんが取り組んでいます。

すでに仲間のメンバーからの紹介なので、大手メーカーにもかかわらず、自動販売機での売上バックの25％が相場のところを、30％バックの好条件で導入することができました。

さらには、周辺の自動販売機と差をつけるのに、無償で当たり付き機能まで設置していただけることにもなりました。この自動販売機メーカーで当たり付き機能が付いているのは、全国でも珍しい状態になります。そのおかげで、物件の電気代や水道代の経費が、自動販売機の利益で担保されるようにもなりました。

このように、仲間がさらなる仲間を呼び、自分のチームが強くなっていくのです。

第4章　銀行融資の使い方

W

融資を受ける前に社会的信用があるかどうかの確認

銀行は、当たり前ですが、慈善事業をしているわけではありません。お金というツールを貸してくれる代わりに、金利という利益を回収して銀行の経営が成り立っている株式会社です。ということは、貸したお金を返してもらえない可能性がある人には、お金を貸さないということになります。

それでは、それを銀行がまずどこで判断をするのかというと、次のような機関に蓄積されている信用情報が元になります。

・日本信用情報機構（消費者金融）
・ＣＩＣ（クレジットカード）
・全国銀行個人信用センター（銀行）

これらの情報機関には、今までのクレジットカードの作成や利用歴が本人情報と共に載っています。また、クレジットカードだけではなく、カードローンや住宅ローンといったローンすべてが登録されています。

金融機関は、お金を貸す前に個人情報を必ず調べますので、過去に支払いが遅れている記録やキャッシングを頻繁に繰り返している状態がある場合は、融資以前の問題になってしまいます。

たとえ年収1，000万円のサラリーマンで、社会的地位のある役職者の方でも、支払いの延滞の記録が残っていたりすると、お金を返さない人間と判断され、社会的信用が銀行から失われてしまいます。

こんなことを知っていれば、もっと注意して、支払いぐらいしていたのに…と後悔する方もいますが、今の日本では、この信用情報の重要性を学ぶ機会が非常に少ないので、仕方ないといえば仕方ないのかも知れませんが、信用情報に傷がついた人は、残念ですが、融資を諦めるしかありません。

昔は何とかなったが今はどうしようもないのが現実

５年ぐらい前までは、クレジットカードで傷がついている人が、融資を受けられないのは困るということでＣＩＣに連絡し、「今は支払いが遅れず払っているので、延滞の記録を消してほしい」と直談判を２時間して３年前の延滞の記録を消してもらえたなどの事例はありましたが、２０１６年の現在は、２時間交渉しても何とかなったという話は一切聞かなくなりました。なので、最低でも、５年ぐらいは記録に残っていると思ったほうがいいです。

これらの情報機関は、自分でも確認ができますので、融資を受ける前に不安な方は、自分で確認をしてみましょう。

自分が使える銀行の幅を知る

不動産投資をする場合、ほとんどのケースは、金融機関の融資を受けて始める形になると思います。最初に物件を探し、不動産会社へ連絡を取り、提案をされた金融機関と物件を購入するという方が多いのが現状ですが、後で他の話を聞くと、もっとよい銀行があったと後悔をする方も少なくはありません。なので、初めに、どの金融機関が自分の属性で使えるのかを、しっかり把握することが不動産投資で物件拡大をするに当たって肝になる部分です。

サラリーマンの場合、年収で融資額を判断されるケースが最も有名なのですが、これは1年に1回、勤務先から発行される源泉徴収票を基準に融資額を判断されます。

自己資金の割合により使える金融機関が変わってくるのですが、年収別でどんな金融機関が使えるのかの目安をご紹介します。

●年収５００万以下

・日本政策金融公庫

金利１・９％～で、固定金利なのがメリット。融資期間は、10年～20年と年齢や男女により違いがあります。融資枠としては7，２００万円までありますが、現実的には5，０００万円が１つのバーになります。

・ＳＢＪ銀行

韓国大手の金融機関です。不動産投資に積極的な銀行で、評価が高い物件を好む傾向にあります。そのため、年収が低くても、物件の評価が高いと融資が付く可能性が高い銀行です。また、独身や、結婚していても子供がいない方向けともいえます。

子供を支出として考えている銀行のため、低年収で子供がたくさんいる場合は、難しいと思います。

特徴は、金利２・７％～で、法定耐用年数を超えて15年～30年の融資が可能です。法人融資にも対応している銀行です。

・三井住友トラストローン＆ファイナンス

不動産投資に積極的なノンバンクです。特徴的なのは、金利３・９％～とやや高めなのですが、築30年の木造物件に30年の長期の融資がついたりと、法定耐用年数を大幅に超えても融資をしてくれる銀行です。

また、基本的には、共同担保が必要になるので、借入れのない自宅や区分マンション、戸建を保有している方であれば、年収が低くても融資がおります。加えて、フルローンがしやすく、建ぺい率オーバー、容積率オーバー、耐用年数オーバー、再建築不可、借地権などのイレギュラー案件にも融資をしてくれるので、使い方次第で大化けする金融機関です。

ちなみに、担保がない方でも、１回目の融資は、自己資金30％を入れると担保なしで融資をしてくれます。２回目になると、自己資金40％で融資可能になる段階を踏んでいます。

また、融資のキャンペーンを行い、借入額が5，０００万円以上であれば、変動金利で２・９％で積極的に融資を行っています。現段階では２０１６年の３月末までのキャンペーンですが、今後続くかどうかは不明です。さらに、実績のない新設法人にも融資可能です。

●年収５００万以上から７００万未満

・スルガ銀行

・静岡銀行

・オリックス銀行

年収500万円以上であれば、これらの銀行を条件つきで使えます。理由は、本来、年収700万円以上を1つのバーで融資を行う銀行なのですが、世帯所得を合算して700万円に行けば融資可能になります。

または、担保になる物件を所有していたり、勤め先が大手大企業で属性がよいなどの条件があれば、融資可能になるケースが多いです。

詳しい内容は、次の年収700万円以上で説明します。

●年収700万円以上

・スルガ銀行

不動産投資で超有名な銀行です。地銀にもかかわらず、ほぼ全国対応が可能です。また、審査のスピードが速く、審査も緩いという特徴があります。反面、金利は4・5％と高いですが、法定耐用年数を超えての融資が可能です。融資年数も30年と長く取れますが、個人融資のみになります。

また、不可能ではないですが、木造を嫌がる特徴があります。融資の上限が、マックスで年収の40倍といわれていますが、実質的に出やすいのは年収の30倍が1つの目安です。

ちょっと余談ですが、スルガ銀行で融資を受けると、VISAプラチナカードのインビテーションを受けることができます。プラチナカードで使用した金額の2％が、融資を受けた元本返済に充てられる特典がついてきます。

・静岡銀行

静岡銀行は、個人向けのワイドローンと事業者向けのプロパーローンがあります。

ワイドローンに関しては、金利３・３％～で、保証会社がつけば融資が通る形となります。木造築25年ぐらいまでの物件でも融資期間が25～30年つき、スルガ銀行と比べるとお得な条件になります。基本的に、審査で見ているのは、土地の評価ですから、土地価値が高い物件だと相性がいいです。

プロパーローンは、あまり静岡銀行が融資を行っていることを知らない不動産投資家が多いと思います。実は、条件が、個人向けのワイドローンとは逆で、新築物件に向いている融資条件といえます。金利１・９％～で、新築木造に対して融資年数が32年と、キャッシュフローが大きくとれる状態になりますが、審査に１か月ぐらいかかるのがデメリットです。

・オリックス銀行

新築、築古の両方に対応していて、個人、法人融資共に可能な銀行。新築であれば、金利１％～、築古でも金利２・３％～と良心的です。融資年数は、木造、軽量鉄骨で「40－築年数」、重量鉄骨で「45－築年数」、ＲＣで「55－築年数」で決まります。

しかし、重い物件を好まない傾向があるため、木造から重量鉄骨までがメインの案件になってきます。

また、総額の融資が２億円と上限を持った上で審査しているので、融資を使うタイミングは計算して行ったほうがベターです。

2016年になり、オリックス銀行の中に新しい部署ができ、総融資額が2億円を超えている方にも金利3%～で融資を受けられるようになっています。

・三井住友銀行

メガバンクの中でも不動産投資に積極的な銀行です。これまでの銀行と比べると、ハードルはかなり高くなります。法定耐用年数以内の融資年数を厳守していますので、木造であれば新築向けとなります。その他は、物件評価と収益性が担保できるRCが向いているといえます。

金利は1%～となっているため、元本返済が速く、売却スキームが組みやすいのが特徴です。自己資金も総事業計画の20%～30%必要となってくるため、現金を持ってから使う銀行になります。また、実績の評価もしっかり見てくれるため、返済比率を50%以下ぐらいにした上で、賃貸経営業の収益がしっかり出ている状態が望ましいです。常に貸借対照表での審査になります。

融資の上限はないものの、審査に1～2か月かかるので、物件をホールドしておく必要があります。さらに、融資担当者の考えが色濃く反映されるため、人事異動が起きるたびに打診をかけておくのが有効的です。

・りそな銀行

こちらもメガバンクです。りそな銀行は、収益性を重視する傾向がありますので、土地が安く、物件も重たくないもので、利回りが高いと融資額が伸びる傾向にあります。法定耐用年数は厳守で、金利１・５％～になります。三井住友銀行と同じように、自己資金の割合は20％～30％必要になるケースが多く、現金を一定レベルで保有してから取り組む銀行になります。

メガバンクは、貸借対照表をしっかり見るので、金利の高い銀行で融資を受けていたり、法定耐用年数を超えて融資を受けていると、マイナス評価になりますので、審査に出す前にはメガバンクが好む貸借対照表にして打診をかけるのが好ましいです。

融資金額を最大化していくには銀行の使う順番が大事

不動産投資は、融資ありきで不動産を購入していきます。利益が残る物件を仕入れることができれば、借入れできる金額が大きければ大きいほど、お金持ちになれるというわけです。

借入金額を増やそうと思っても、一般的なサラリーマンは、２億円や３億円という限界があるといわれています。銀行からしても、サラリーマンで働いているのに、２億円以上の資産形成って必要あるという目線になってきます。

まだ、３億円以内まで順調に融資額を伸ばしていけている人はよいのですが、１棟目の融資を受けた後に２棟目、３棟目の融資がなかなか出ないという悩みを持っている方が多いのも現状です。

２棟目以降の融資がつかない方の話を聞いていると、使う金融機関がもったいない状態になっていることがあります。なぜもったいないかというと、融資を受ける銀行の順番を間違えなければ、２棟目、３棟目の融資がスムーズについたからです。

不動産投資に前向きな銀行の特徴で、融資の上限を年収で引いている金融機関が多いです。特に、サラリーマンが不動産投資で初めに活用する銀行は、地銀とノンバンクになってきます。その上限を比較してみると、次のように各銀行で様々です。

①　他銀の借入れを見ない1億円までの銀行
②　総借入れが2億円までの銀行
③　他銀の借入れを見ない2億円までの銀行
④　総借入れが年収の30倍までの銀行
⑤　借入額は関係なく、財務が健全で貸借対照表の資産が負債より多ければ融資してくれる銀行

融資額の最大化を単純に狙うのであれば、②→①→③→④→⑤という順番が筋がよいです。ただし、③と④は、年収によりどちらかの銀行で抑えるか、融資条件により両方活用するかは分かれてきます。

たまたまよい物件を紹介してくれた不動産会社が③番の銀行と繋がりがあり、初めての物件を③番で融資を受けた場合、②番の銀行を2棟目に活用するのは難しいのです。

最大値で考えた場合、2億円の融資で終わるのか、4億円の融資まで伸ばせるのかでは、レバレッジが違うので、4億円まで融資を受けられた人のほうが圧倒的にキャッシュフローが大きくなります。

筆者は、②→④の順番で融資を受けたため、追加融資のハードルが高く苦しみました。しかも、もっ

たいないことに、初めに②の銀行を使っているにもかかわらず、上限の2億円まで全くいかない3，600万円の借入れベースで④に行ったので、銀行の組合せによるメリットを享受せずに拡大していくしかありませんでした。

したがって、初めて融資を受ける方は、この上限の順番を頭に入れた上で、自分が使える銀行の中ではどの順番が借入額が伸ばせるのかを考えてチャレンジしていくことをおすすめします。

個人向け融資と法人向け融資を一緒にしない

銀行から融資を受けるときに、個人向けのアパートローンと事業者向けのプロパーローンの2種類があります。この2種類の融資を上手に活用することで、サラリーマン大家が借入れを増やし規模拡大を図れる重要なポイントにもなってきますので、まずはそれぞれがどんなローンなのかを知っておきましょう。

・アパートローンについて

アパートローンは、個人の不動産事業向けにパッケージ化された商品です。銀行によってアパートローンの上限が目安として定められているのも、アパートローンは本業からの給与所得を借入返済の原資として想定されているためです。したがって、家賃収入は、あまり考慮されてないことが多いです。

メリットは、パッケージ化されているので、事前に審査方法や融資可能な金額のメドが予測できることです。

デメリットは、パッケージ化された商品であるため、原則的に金利交渉が効かない点です。何でも金利交渉ができると勘違いをしないほうがよいでしょう。銀行によりますが、全く金利交渉ができない金融機関も存在します。

・プロパーローンについて

プロパーローンは、事業性融資のことで、すべてがオーダーメイドの融資になります。賃貸経営の場合、サラリーマンがプロパーローンを使用するときには、今までの物件の収益の実績も見られますが、個人としても見られるので、アパートローンの内容プラス実績と評価のイメージを持っていただければと思います。

プロパーローンのメリットは、融資の上限がないことと金利が1％前半で安いというところです。デメリットは、審査基準が高いので、資産の割合が少ないと自己資金が必要になってくるということです。また、審査の時間も長く2か月以上かかるときもあります。

このようにアパートローンとプロパーローンの2種類についてまとめてみましたが、自分が使える銀行がどちらの融資を使っているのかを知ることで、融資の上限と融資の種類の組合せでサラリーマンが借りられる金額を超えての融資が可能になってきます。

また、短期間で物件を拡大できるのも、銀行の順番、融資の種類、物件の組合せが理由です。その中のテクニックの1つに、オーバーローンやフルローンの活用があるだけです。

個人向け融資の使い方

筆者が高金利の銀行から融資を受けたにもかかわらず、木造アパート中心でキャッシュフローが月１００万円を稼げる状態になったのは、銀行の融資条件の組合せと借り換えが成功したからです。この仕組みを上手に使うことで、今から不動産投資を始める方は、間違いを犯さず融資の拡大を成功させて欲しいのと、当時の筆者のように高金利でキャッシュフローがあまり出ていない人の課題を解決できるヒントになればと思っています。

これから、銀行の特徴を掴んだ上で、融資を拡大させるための戦略をお伝えしたいと思います。先ほど、銀行融資のアパートローンとプロパーローンのお話をしましたが、この融資が個人への融資か法人への融資かにより、使う順番が変わります。

ここでは、一般的なサラリーマンをモデルに戦略を共有しますので、飛び道具的な法人融資からスタートする話は割愛させていただきます。

全体の流れは、個人で融資を受けて、規模拡大を行い、税金やセミリタイヤ後のことを考慮した上で、法人での融資を拡大させる形になります。

まず、初めに、サラリーマンが不動産投資を始めるのであれば、個人で融資を受けてスタートします。理由は、1棟目では、経済的自由を得られるほどのインパクトがキャッシュフローで出ないからです。

また、毎月20万円のキャッシュフローが得られるのに、本業の年収を不動産の減価償却で帳簿上下げることができるため、手取りのお金は増えているのに、国に取られる税金は少なくできるというメリットがあるからです。

借入額を最大化したら借り換えを積極的に行う

個人・法人のどちらにも融資を出してくれるオリックス銀行は、融資の上限が2億円と決まっているので、個人で活用するのがよいと思います。それ以外に関しては、個人にしか融資をしない銀行を活用していきます。

個人のみにしか融資をしない銀行は、地銀に多い傾向がありますので、金利も高い傾向がありま す。3・3%〜4・5%と金利が高いかわりに、審査が緩く、融資の条件や総融資額が大きく取れやすいです。

ポイントは、この「融資額が大きく取れる」ということです。個人で自分の属性の限界まで引けるだけ融資を引きに行きます。目安は、3〜4棟ぐらいです。この状態がつくれると、借入額が1億5,000万円〜1億8,000万円と膨らみ、返済比率もレベレッジをかけすぎている状態になるので悪いです。しかし、この借入額のインパクトが大きければ大きいほど、個人にしか融資をしない他の銀行に借り換えすると得られる利益が最大化していきます。

例えば、3棟まで拡大し、1棟当たりの月のキャッシュフローが10万円と少ない状態でも、3棟で30万円のキャッシュフローが出ます。しかし、借入金額が1億8,000万円だとすると、割に合わないキャッシュフローにこの状態ではなっています。超債務超過なので審査の緩い銀行しか使えません。

ここで金利交渉が成功すれば良いのですが、スピードを最大化していこうと思うと、最後に融資を受けた3棟目の物件まで金利交渉できる可能性は低くなってきます。金利交渉の交渉材料も借り換えの話になってくるので、３棟ともの借り換えをしてくれる銀行を探しにいきましょう。

融資期間30年で金利４・５％の借入れが1億8，０００万円あったとして、同じ融資年数のスライドで金利が3・３％に下がると、月の返済総額が91万円に対して79万円に下がります。月に12万円のキャッシュフローが増え、年間で１４４万円純増します。

さらに、１年間の返済実績があれば3・３％の銀行から2・3％の金利の銀行へ借り換えが可能になります。

そうすると、月の総返済を79万円から69万円に下げることができます。月に10万円のキャッシュフローの純増です。１度目の借り換え前のときと比較すると、月の返済を91万円から69万円にまで引き下げることができ、22万円も月にキャッシュフローがアップしている状態になります。

もともと返済比率が高い状態、かつ30万円のキャッシュフローだったのが、借り換えで金利を下げることにより、２年足らずで55万円のキャッシュフローにまで増やせることができるのです。月に50万円を超えるキャッシュフローを手に入れる状態がつくれれば、お金が貯まるスピードも速くなってくるので、一気に楽になってきます。

借り換えの難易度はそんなに高くない

融資を受けるのには、年収などの属性を見られるため、何とか銀行の好む形をつくりにいく大変さがあります。借り換えも同じぐらいパワーが必要になるのかというと、物件を購入するときほどのハードルの高さはありません。

物件を購入するときは、返済をしっかりできる人間なのかを見られます。また、その物件がしっかり収益を稼ぎ続ける物件なのかも合わせて見られるため、審査でストレスをかけられた上で、融資可能かどうかを判断されるということで敷居が高くなります。

一方で、借り換えのときは、今までの返済が実績として証明できるため、他の銀行からすると、審査を通しやすい状態になります。実績として証明できるかどうかが、最も銀行を動かすポイントになるので、借り換えは比較的しやすいのが現実です。

借り換えをすると銀行との付合いがなくなる?

借り換えをしないのは、銀行との付合いがなくなってしまっては困るからといわれる方が多くいます。おまけに、金利交渉もすべきではないという意見もあります。

では、実際に、金利交渉や借り換えをして付合いがなくなるのかというと、答えは「なくなる銀行もあれば、継続できる銀行もある」です。

しかし、付合いがなくなるのを中途半端に恐れてはいけません。理由は、高金利の銀行から融資を受けているため、債務超過になり、他の銀行に相手にされないからです。それに付合いがなくなっても問題ないように、法人へ融資をしてくれる銀行は残しているからです。

例えば、個人のみに融資を出すS銀行で限界まで融資を引き、個人のみに融資を出すZ銀行で借り換えを行い、金利差が１〜１・５％以上が出れば、全く問題ありません。Z銀行より条件の悪いS銀行で、今後、融資を受ける必要がありませんからね。しかも、手にするキャッシュは増えていくので、自己資金を使う融資も狙っていけます。

また、借り換えときにかかる費用の問題もあります。しかし、大したインパクトではありません。先ほどの借入れが1億8，０００万円ある状態で考えてみると、全額返済にかかる手数料が２％だとして、３６０万円のお金が必要になります。３棟で月30万円のキャッシュフローだと、実に1年分のキャッシュフローが吹っ飛ぶので、躊躇しがちになりますが、次のような対処法があります。

①　借り換え先の銀行に３６０万円分をオーバーで融資してもらう
②　別の金融機関で３６０万円の諸費用ローンとして受ける
③　現金で払うことを覚悟し、キャッシュフローが55万円になるので7か月で回収する

この３つの対応で①が最もベストですが、難易度が高いのも事実です。②の場合でも、例えば、３６０万円を金利の高い８％で10年のローンを受けても、月の返済が5万円もかかりません。

ということは、月のキャッシュフローが55万円から50万円になるだけなので、大して問題ではありませんね。

現金に余裕がある状態であれば、③でよいと思います。新規物件を買うための融資が下りない財務状況なのに、たった360万円で1棟もの以上のキャッシュフローが増えると思えば安いものです。財務状況が改善されるまで返済を続けていたら、次の融資を勝ち取るのに何年後になるかわかりませんからね。時間がもったいないです。

返済比率が下がれば低金利の銀行融資がつく

収益が上がり、返済比率と金利を下げることができると、地銀、信金で2％前半の融資門が開けます。現金の保有も毎月増えてくるので、家賃収入だけで1年で600万円以上貯まるようになります。今まで数回オーバーローンを受けている人であれば、自己資金はもっと増えていますし、本業からの給料の貯金も合わせると1千万円の現金をつくるのは難しい話ではありません。

そうすると、個人での属性と実績がものをいうようになるので、低金利で新たに物件獲得が可能になってきます。このタイミングで、プロパーローンでの融資の打診を検討するとよいと思います。賃貸経営者としての実績をアピールできますし、貸借対照表も改善されているので、金利1％のプロパーローンでの融資の門が開けます。

プロパーローンで融資を受けることができると、継続的に融資が受けられるので、キャッシュフローが増えるのは時間の問題になります。しかし、スピードを優先したい方は、この辺りで個人にしか融資をしない銀行を使うのを止め、法人への融資に切り替えるタイミングになってきます。

金利１％台のメガバンクが融資を出すときの考え方を知ろう

メガバンクが融資のハードルが高いといわれているのは、現金を持っている人でないと融資されないといわれているからですが、その現金はいくらなのかを把握することで、メガバンクの門を開けることが可能です。

基本的には、貸借対照表を見ているのがメガバンクです。資産が負債より余裕を持って多くないと融資はされません。どのくらい余裕を持っていれば可能性があるのかをお伝えします。

まずは、シンプルに家賃収入で考えます。入ってくる「家賃－返済＝プラス」のキャッシュフローです。

このときの返済は、現在の保有物件の返済金利にストレスをかけ、金利４％で引き直します。その結果、「家賃収入－ストレス」をかけた「金利４％の返済＝プラス」のキャッシュフローであることが大前提です。

さらに、負債に当たる現在の残債より資産が多いかどうかを見に行きます。

資産は、物件の時価を引き直し、７掛けで評価を出します。物件の評価プラス保有している金融資産を足したときに、負債より大きいことが重要です。

これをクリアーできれば、いよいよ最終のロジックに入ります。物件を取得するときの事業計画の総額に対して20％〜30％の自己資金を資産の現金から入れた後、トータルの残債に対して10％以上の現金が残ることが判断ポイントとなります。

したがって、現金が多くないと融資を受けられないといわれる要因になりますが、物件の評価や属性や年収で頭金の割合は交渉で変動できるので、チャンスがないわけではありません。

法人融資で拡大を図る

これまで個人向けの融資を活用してきましたが、家賃収入が2，000万円を超え始めると、法人で物件を取得するタイミングになってきます（あくまで目安です。サラリーマンでの年収により変わります。詳しくは、税理士と相談することをおすすめします）。

新設法人で融資を受ける場合、個人向けの融資と比較するとハードルが若干上がります。サラリーマンの場合、「新設法人＝個人」として見られることが多いのですが、法人への融資は基本的に団体信用生命保険がつかないので、その分リスクとして見られてしまいます。

新設法人で融資を受けた後に、決算書をよくしていくことが、銀行からの信頼を勝ち取り、融資が伸びる要件です。そのことを考えると、保有物件の価値のほうが高い状態で、残債のほうが少く、毎月の収支がプラスの状態をつくっていくことが重要になってきます。

この状態がよければ、自ずとサラリーマンを辞めた後でも、法人で融資を受けられる可能性が高くなってきます。要は、利益をしっかり出し、負債より総資産が高い状態に会社がなるようにすればよいだけの話です。

理想は、法人化のタイミング時に、キャッシュも一定レベル持っている状態まで家賃収入が増えています。
ているので、メガバンクや金利の低い地銀、信金などから新設法人で融資を受けるといいと思います。

一方で、前回物件を買ってから日が浅いけれども投資スピードを早くしていきたいや、メガバンクや低金利の地銀を使うには自己資金が足りなくて難しい場合は、法人融資が可能なノンバンクがあります。

デメリットとして、金利が３・９％と高いのと、担保などが必要になってきます。しかし、もともと属性が低い人にも融資をしてくれるので、実績がない法人や代表者の借入れが多い状態でも、融資が可能です。

物件も土地値と同じ値段の築古への30年の長期融資が可能なため、物件の評価と負債の額のコントロールがしやすく、収益性で高い金利を上回る利回りの物件を取得して、自己資金比率を高めていくこともできます。

また、今まで個人で所有している物件の残債も減ってきているので、余力担保として差し出すことで、ノンバンクでの物件拡大の先が見立つのなら、１つの手として活用できます。

法人が土地値で仕入れているため、個人とは違い、短期売却、長期売却といった税金の制約もなく一定なので、いつでも売却できるスタンスを保てます。そうすることで、出口戦略を狙い、売却益で資産と低金利の銀行への組み替えも検討できますので、収益が出ていれば金利の高さを初めから重要視することはありません。

不動産専門の顧問税理士と付き合うべき

セミリタイヤを目指していると、個人でも法人でも物件を増やしていかなければいけません。規模にもよりますが、木造アパートレベルで5棟から7棟ぐらい保有できると、セミリタイヤできるレベルに達していきます。

物件を増やすに当たり銀行が融資をしたくなる状態をつくるのには、税理士の協力が必要です。税理士といっても、不動産を専門に扱っている税理士のほうが圧倒的に有利に働きます。理由は、不動産の減価償却の使い方も税理士の腕1つのところもありますし、セミリタイヤしたときの税金や保険などの見立ても、サラリーマンで働いているときから把握できるため、目指す方針もブレません。

何より、銀行が好む状態をつくるための動きを狙ってできるため、月に税理士にかかるコストや決算処理費用を含めて考えても十分に元が取れるので、おすすめです。

筆者も、初めは、自分で申告をしていたのですが、物件数が増えるに従い、1年に1回税理士に頼むようになりました。そこから、戦略的に狙える不動産専門の税理士と顧問税理士としてパートナーになることで、一気に不動産事業の土台がつくれるようになり、拡大に成功しています。

現金を使わない融資から現金を使う融資へシフトする

初めて不動産投資をするときには、リスク等を考えて自己資金は残しながら始めるので、オーバーローンやフルローンという融資が魅力的です。しかし、結局のところ、オーバーローンは、たくさんお金を借り過ぎているだけです。たくさん借りて余ったお金は、再投資に使うことでメリットが発生しますが、続け過ぎていると収まりがつかない輪廻の輪になってしまいます。

規模拡大をしていると、借り過ぎなくてよい状態になってきます。したがって、先人の有名不動産投資家たちは、ずっと規模拡大するのではなく、自己資金比率や内部留保を強くしていくのです。

不動産投資のはじめの頃は、自己資金を抑え、自己資金500万円で融資年数30年の金利3・3％で年間180万円のキャッシュフローが得られたとすると、投資した自己資金を回収するのに2年8か月かかります。

それが、不動産の規模が増え、5棟保有している状態から6投目の購入時に2，000万円の自己資金を使ったとします。6棟目から得られる年間のキャッシュフローが、500万円の場合でも、6棟目だけで見れば自己資金の回収は4年かかりますが、その他の5棟のキャッシュフローを考えると、180万円×5棟＋6棟目のキャッシュフロー500万円＝1，400万円になります。ということは、1年半で投資した自己資金を回収できます。

500万円の現金を財布から出し、2年8か月サイクルで500万円が自分のポケットに戻ってくるのと、2，000万円の現金を財布から出して1年半サイクルで2，000万円の現金が自分のポケットに戻ってくるのでは、大きな差が生まれます。

しかも、自己資金を多めに入れるので、銀行からの融資条件もよく、金利1％などで融資を受けることができますし、貸借対照表のバランスも良好に保ったまま経営を続けることができます。

そして、収益のスケールメリットを活用することで、大きな利益を得られます。お金がお金持ちに集まってくるという言葉が生まれた理由も、わからなくないですね。

少額の自己資金で始め、資金のストックが増えると、資金を使った戦い方のほうがキャッシュフローとして返って来るインパクトが強くなってきます。

眠らせておく現金があるのならば、再投資を行い、キャッシュフローの輪が大きく広がる形をつくりにいくことで、より豊かな仕組みづくりができます。

この状態まで持っていくことで、お金を使わない戦い方からお金を使う戦い方へと戦略を変えることができるので、今まで融資を断られていた金融機関から融資を受けることも可能になってきます。使える金融機関の幅が再度増えるため、不動産の規模拡大がよりしやすい状態になってきます。

ちなみに、現金が使えるようになったときの理想の自己資金の割合は、物件価格の50％です。理由は、土地と建物の値段に対し50％の自己資金を投入することができると、担保に取られる土地分を資産として銀行が見てくれるため、プロパーローンでの融資が通りやすくなります。わかりやすく言うと、地主扱いに近い状態になります。そして、この50％の自己資金を入れて物件を購入するサイクルを繰り返すことで、半永久的に規模拡大が可能です。また、返済が進むにつれ、土地値より残債が低くなっていくので、万が一何か想定外のことが起きたとしても、残債をかぶることがなくなります。リスクヘッジが同時に行えるのもメリットです。

第5章　物件選びのコツ

Ⅴ

新築物件と築古物件の特徴

立地条件で競合優位性を確保し、融資の仕組みも把握できれば、いよいよ物件を選定する力が必要になってきます。

ここでは、どんな物件を選ぶとよいかのコツをお伝えいたします。

まず、物件には、大きく分けると新築と築古があります。新築木造アパートと築古木造アパートの特徴を把握することで戦略が決まってきたり、知らないと損やリスクを抱えてしまうことがあるので、しっかりと知識武装をしておきましょう。

・新築木造アパートの特徴について

新築木造アパートの特徴は、法定耐用年数22年なのに30年の融資年数が引けるということです。長期の融資が引けることでキャッシュフローは最大化していき、固定資産税はＲＣに比べると３分の１程度に抑えることができます。

また、法定耐用年数を遵守するメガバンクでさえ、新築木造物件だけは30年の長期融資を引くことができます。もちろん、対応できる銀行も多いので、金利も２％前半や１％台と低金利で融資を受けることができます。

物件を保有してからも、新築の場合ですと10年間の瑕疵担保保証がついていますので、築古物件とは違い、瑕疵のリスクを取らずに済みます。約15年は修繕のコストがかからないのもメリットといえます。

一方で、新築は、物件価格が高く、利回りが築古に比べると低いです。

また、家賃設定も新築プレミアム価格が載っているため、１回転目の入居者が退去した後の２回転目の家賃下落のリスクを抱えています。多いと1部屋6，０００円の下落があったりします。

さらに、木造なので評価が出にくく、新築で購入すると大体評価割れしています。

・築古木造アパートの特徴について

築古木造アパートの特徴は、安く購入することができ、値下がりがしにくいことに尽きます。何故、安く購入できるのかといえば、物件の価値が下落しているのと、築古なので修繕費用やリフォーム、解体など将来にかかるコストが見えているため、売主との交渉で指値が効きやすいからです。

また、値下がりしにくいのは、築22年を超えると土地の価値しか残らないので、買うときに土地値に近い値段で買うことができれば、何年経っても土地値で取引ができるため、売却するときに損をするリスクが少ないからです。

さらに、築古木造アパートであれば、減価償却費が大きく取れて節税になり、固定資産税も安く抑えられるのもメリットといえます。

一方で、法定耐用年数を超えるので、長期融資が引きにくく、キャッシュフローを出すためには高金利のノンバンクでの融資となるため、必然的に高利回り物件を探す必要があります。

指値をする代わりに、修繕費や瑕疵が発見されたときにコストが大きくなる可能性が高いので、注意が必要です。

新築アパート×低金利融資の組合せ

新築の特徴と金融機関の融資条件を合わせると、ひと昔ではできなかった新築でのキャッシュフローが生まれる物件拡大をしていくことができます。現在の金融機関は、新築木造に対して30年の融資を行います。この低金利×新築×長期融資が、新築木造アパートの人気の秘訣です。

どういうことかというと、ひと昔前までは、木造アパートの融資年数は法定耐用年数が22年なので、融資機関も20年でした。金利も今みたいに安くはなく、3・5％ぐらいでした。

新築アパートの販売価格が5，000万円で利回り8・5％であれば、家賃収入は年間425万円になります。月35万円が家賃収入として入ってきます。

これを融資期間25年、3・5％の金利で融資を受けると、返済が29万円になるので、35万円－29万円＝6万円が残ります。そこから固定資産税の月2万円を引くと、たったの4万円しか残りません。これでは、1部屋空室になるだけで赤字です。この状態なので、現金を入れなければ回らない、新築は利益が少ないといわれていました。

しかし、現在は金利が低く、1％～2・3％で、30年の融資が組めます。同じ物件の条件で考えてみると、月の返済が16万円～19万円になります。家賃収入35万円－16万円～19万円＝16万円～19万円が残るようになります。固定資産税2万円を引いたとしても14万円～17万円が残るので、インパクトが全然違います。

また、15年間ぐらいは大規模修繕をしなくてもよいので、コストがかかりません。下手な築古物件よりも、手残りが多くなります。筆者も、５棟目の新築アパートは、金利１・24％で融資を受けているため、新築でも築25年の重量鉄骨マンションに引けをとらないキャッシュフローが残っています。

新築アパートの販売会社の利益率を知る

新築であれば何でもよいかというと、そうではありません。新築アパートを買えば、財務指標で評価が足りなくなってきます。サラリーマンの属性がどんなに高くでも、評価割れをしながら物件を増やし続けるのは困難です。まずは、できるだけ物件価格に販売業者の利益が載っていないことが重要です。

最近は、木造アパートのデザイナーズ化が流行り、見た目は木造かどうかわからない物件も増えています。もちろん、建築費がどのくらいかかっているのかなどは、素人ではわかりません。販売会社を選ぶ基準を経験からお伝えすると、ずばり建築費の20％以下です。

販売会社が利益を抜くポイントは、２つあります。仕入れた土地値への上乗せと、建築費への上乗せです。上乗せすることが悪いわけではありませんが、あまりにも上乗せしている業者がいるのも事実なので、知っておくことで買わない判断もできるようになります。

まず、確認しなければいけないのが、土地の値段です。この土地値に対しての上乗せが１００万円以上ある場合は、注意が必要です。逆に、１００万円以内なら良心的といえるでしょう。

理由は、販売会社が土地を買い取り、取得税や登記費費用を払っているからです。したがって、このぐらいであれば、初めから暴利を貪ろうとしていない会社だということがわかります。

次に、建築費ですが、ここの利益率が販売会社によってまったく違います。

例えば、土地が3，500万円で建物価格が4，000万円の新築の場合だと、この建物価格の20％以下かどうかが大事です。

この利益は、建築費や大工さんの人件費などを引いた販売会社が物件を売れたときに手にする利益です。不動産で有名な新築モデルを販売している会社は、建築費の25％を抜いています。4，000万円であれば、販売しただけで1，000万円の利益になります。仲介手数料がなくても十分に利益が抜ける設定です。

20％だと800万円になります。したがって、20％以下で販売している会社であれば、自己資金を10％頭金として入れれば回る新築モデルができます。

ちなみに、絶対に抑えるべきお宝比率があります。それは、建築費の10％で販売している会社です。この会社を見つけた場合は、その販売会社の営業マンと仲よくなることをおすすめします。

なお、名古屋では、建築費の10％しか利益を抜かない販売会社があるのですが、その販売会社の場合、名古屋で立地がよい場所にもかかわらず、新築重量鉄骨で販売されている利回りが9％以上です。ほとんど原価に近しい値づけになっているため、そこの会社が新築をつくるとなると、買いつけが一瞬でいっぱいになります。

もちろん、他のエリアにもこういった不動産販売会社があると思いますので、皆さんも自エリアで探してみるとよいかも知れません。

新築物件で評価割れした分を評価が出る物件で補う

新築アパートで物件拡大を図ろうとした場合、現金を潤沢に保有していないと債務超過に陥ります。

では、普通のサラリーマンでは、新築アパートで拡大できないのかというと、不可能ではありません。しかし、新築アパートだけで拡大を図るのは、ほぼ不可能に近いです。

どうするかというと、積算評価の高い物件とミックスしながら、資産の割合を増やしていく作業が必要になってきます。

積算評価が取れるのは、ＲＣか重量鉄骨です。筆者は、リスクの観点から、重量鉄骨を新築、築浅を取得した後に、評価の取れる重量鉄骨を挟み、貸借対照表のバランスを整えます。そうすることで、信用毀損を起こさずに、次の融資への土台をつくることができています。

したがって、新築木造や築浅木造で評価が出ない物件の取得前後には、評価が出る物件を取得しながら、資産と負債のバランスを銀行目線で確認しつつ戦略を立てることがよいと思われます。

資産と負債のバランスがほぼ同じ状態や、少し上ぶれている状態であれば、土地値や土地値以下の物件取得もおすすめです。

築古アパート×高金利融資の組合せ

築古アパートの特徴を考えると、融資年数の短さにネックがあります。しかし、融資年数を長期で取れる金融機関があれば問題ないということになります。

法定耐用年数を超えて築古木造アパートの融資をしてくれる銀行は、地銀かノンバンクになってきます。金利は3・3%～4・2%で、融資期間25年～30年になります。築25年～30年の木造物件まで対象範囲なので、安く仕入れると夢があります。もちろん、金利が高いので、自ずと相性のよい物件は、高利回りの物件になります。

低金利の時代に4%の金利だと高いと抵抗感があるかも知れませんが、金利の高さはあまり重要ではありません。その分、利回りが高い物件の購入に励めばよいだけです。金利4%でも、利回り14%の物件であれば、イールドキャップ（投資利回りと長期金利との差）は10%になります。いくら低金利だといえども、新築の利回りが8・5%で、金利回り1・5%の物件であれば、イールドギャップは7%なので、利回りの高い築古に夢があるわけです。

近年、不動産投資のブームですっかり値上がりをしているので、利回り14%の優良な物件を探すのは難しくなってきています。現実的に、主要都市で立地にこだわると、利回り11%の物件であればよいほうです。

そうすると、イールドギャップが7%と、新築アパート×低金利と同じイールドギャップです。もちろん、それでは面白くないので、利回りを高めに行くことで、築古アパート×高金利での組合せの醍醐味が現れます。

「商売の鉄則である安く仕入れる」に限ります。要は、利回りを上げるために指値をすることが重要です。初めから高利回りがないのであれば、つくるしかありません。

売主に対して、ただ安くして欲しいと言っても、売主の都合があるので、簡単には安く値引をしてくれません。しかし、販売希望価格で売りに出しているので、築古の場合は、ある程度、指値が入る覚悟を持っている売主もいます。

また、仲介の不動産会社の営業担当も、売主に対して「指値が入る可能性が高いので下限の値段を教えてください」と初めから交渉しているところもあります。となれば、指値の幅を把握するのに、仲介会社の担当者を味方につける必要があります。

仲介会社は、売主と買主の両方から仲介手数料が取れるので、できるだけ高く売りたいという思いがあるのですが、売れなければ意味はありません。買える客になることにより、一番、売主情報の下限の価格と性格を仲介会社の担当者からヒアリングすることができます。

買える客であることを担当者にアピールする最も強い武器は、先に銀行で融資額を確保しておくことです。融資承諾が確保できていれば、買主の希望を売主に通すことにより担当者の取りっぱぐれがないので、味方に巻き込みやすくなります。

また、売主にも効果的で、融資が通る買主を断ったら「次に売れるのは一体いつになるのか」「早く売りたいから少し買主の条件を呑んでみようかな」といった不安を突くことができます。

1段階目は仲介の担当者に下限の値段を把握し、2段階目は下限の値段から修繕、リフォーム、適正家賃の引き直し、解体コストなどの根拠を提示した上で、丁寧に売主の下限の物件価格からさらなる交渉を行い、高利回りの物件を結果的につくります。

当時、名古屋で築24年の物件を取得したときも、同じロジックで指値交渉をして成功しています。

土地の評価が高い物件

やはりおすすめは、土地価値が高い物件です。物件の販売価格の8割以上が土地の評価額であれば、築古でも問題なく融資がつきます。

よくあるケースは、土地の坪単価自体は安くても、広さで評価を伸ばしているアパートが人気です。郊外や地方に多く見られます。

ここで注意しなければいけないのが、再建築不可やセットバックなど、規制がかかっている物件や旗竿地などを狙わないことです。

築古の木造アパートの最終出口のことをしっかり考えなければいけません。いくらノンバンクで融資が弾けるからといって、条件付きの物件を保有して、出口が見えない状態では、土地の処分に困ってしまいます。

せっかく安く仕入れても、最終的に意味のない形になってしまっては、本末転倒です。もちろん、出口が見えるのであれば、条件付きの物件でも問題ありません。

① 将来的に超築古になっても収益物件として売却ができる
② 建て替えて新築アパートとして再生しても、需要があり家賃収入が途切れ無い
③ 解体して更地にしても戸建用地として3～4区画で販売できる

この3つの優先順位で当てはまる物件であれば、条件付きの築古物件で勝負できます。

結局、不動産は、最後の最後にババを引かないことが重要です。出口が取れず、今までのキャッシュフローが吹っ飛んでしまえば、何をしていたかわかりませんからね。キャッシュフローが飛ぶぐらいで終われば諦めもつきますが、処分ができない状態だと、相続まで引っ張ってしまうので、エリアや立地の選定をパワーがかかってもしておいたほうがよいと思います。

投資家案件は無視。経験の浅い売主や相続案件を狙う

誰もが、お宝物件を手に入れたいと思っています。理由は、投資対効果がよいからです。そんなお宝物件を手に入れるためには、川上情報や未公開物件の情報を取得するために、不動産会社との関係性をつくりにいったり、不動産投資のポータルサイトで情報をチェックしていたりします。

これも非常に重要なのですが、お宝物件は、情報をもらうだけではありません。要は、お宝物件とは、投資対効果がよく、自分の財布により多くのお金を運んでくれる物件です。これが、投資家が集まるサイトだと一瞬でなくなります。このチャンスだけにかけるよりも、自分でお宝物件をつくり出すことで、取得できるチャンスが増えてきます。「自らの機は自らつくる」ことが重要です。

融資の特性を考えると、結局、どんな物件でも安く仕入れればお宝物件になるのです。ということは、指値さえできれば問題ありません。しかし、不動産投資が人気を帯びている昨今、指値になかなか応じてくれることは少なくなっています。ましてや売主が不動産投資の知識を持っている投資家であれば、難しくて当然です。難しいのであればターゲットを変更しましょう。

どんなターゲットかというと、安く仕入れるためには、希望価格からの指値しかありません。この指値が根拠を持ってしたときに効果が最大化されやすいのは、不動産の知識や経験値が少ない方になります。なので、売主と売主の売却背景が大事になってきます。

築20年を超える物件であれば、投資家や不動産関係の方でなければ、さほど、不動産の知識を持っている人が多いわけではありません。その当時、ナレッジが現在ほど存在していなかったからです。なので、気になる物件を見つけたときに、登記簿謄本で売買回数が1回程度、もしくは初めての物件がターゲットとして売主が知識不足の可能性が高いです。

もちろん、ここからの戦いはアンフェアな状態をいかにつくるかが肝になります。つまり、知っている人だけが得をする状態。アンフェアアドバンテージが売主と買主である自分に差があればあるほど、仲介会社の担当者を巻き込め、売主の下限の価格からさらに、交渉することが可能です。

また、期限つきの売却背景があると、なおよしです。期限付きの売却背景の代表格は相続案件です。持ち主が世を去り、相続することになったが、相続人が複数いるため、不動産で相続するのには都合が悪く、現金化を急いでいるというケースです。これは、タイミング次第になるので、出てきたら狙うでいいと思います。汎用性が高いのが、相続し終わっていて残債がない売主と、不動産業以外の法人が所有している物件などを定期的に見つけて狙うことです。

・相続して残債がない売主のケース

もともと地主の家系で、相続しているので相続人が不動産に興味があるとは限りません。また、相続前から物件が農協などでサブリース契約をした上で、賃貸経営業を行っている場合は、完全に素人として判断してよいでしょう。

理由は、農協がサブリースで賃貸管理を請け負う場合は、組合に属している人が持ち主だからです。しかも、サブリース契約をしているということは、賃貸経営を自分で行ってないに等しい経験値しかありません。

もちろん、保有してきた期間に、賃料を保証する代わりに20％ぐらいの家賃収入を間引きされた上に、10年に1度の大規模修繕提案を４００万円クラスで受け入れているため、不動産での実入りが意外と少ないと感じていたりします。

売主自身が自分の年齢のことを考えると、物件の出口のイメージができないため、早期売却で現金化を焦ってする可能性も高いのです。

・不動産会社関係以外の法人が売主のケース

景気がよい時期に、資産として不動産を購入している法人が、結構どこのエリアでも残っています。法人が所有している不動産が売りに出るときは、いくつかの理由があります。毎年、年末前から3月に向けて、法人所有物件が売りに出始めます。これは、法人の今期の売上が低迷し、利益を他で確定させなければ、来期の銀行との付合いや、決算書が困る状態になってしまうからです。

そうすると、早期売却で利益確定を何より急いでいるので、買える人が現れると嬉しいわけです。しかも、買主が買える客だとわかれば、多少安くしても現金化したいのが本音なので、指値が通りやすいのです。

また、この法人が、大きい会社ではなく、従業員10名以下の会社であれば、社長が個人的な判断で不動産を買った可能性もあるので、不動産知識を持っていない可能性が高くなります。その場合は、さらにアンフェアアドバンテージが効く状態がつくりやすいです。

このように、売主の都合を把握することで、交渉材料とどんなポイントで共感を持てるかがわかります。共感が持てるポイントで、将来のリスクや購入後にすぐかかる経費の部分を指値のポイントにすることで、売主にただ値段を下げてくれの指値ではなく、根拠が生まれてきます。また、共感できるポイントなので、歩み寄っていただける可能性も高いのです。

その他の指値のノウハウ

ここまで、ターゲットを理解せずに、指値を成功させている方法も中にはあります。これらは、1度断られてしまうと次の交渉ができなくなってしまうので、意外と行き当たりばったりですが、売主心理を意外にも突くときがあります。それは、「融資が購入物件価格まで届かない」です。

融資ありきで購入できることを、売主も理解しています。5，000万円で売却希望して売りに出していて、ようやく見つかった買い手から、買う気は十分にあるが、いざ融資の審査に出したときに融資が4，600万円しか出なかった旨を伝え、4，600万円で売ってくれないかという交渉をされた場合、売主の心が折れれば交渉成立です。反対に断られてしまうと、また時間をかけて買い手を探す判断をされるため、すぐに再交渉は難しくなってきます。

経験を積んでからの実用性のある指値交渉は、買付けを入れるときに、融資特約を付けずに交渉を入れることです。このやり方は、融資特約を付けないので、買付けを入れたら、銀行の融資を受けることができなくても、買わなくてはいけないからです。

したがって、売主も交渉を受けてくれやすくなります。しかし、実際に現金で購入できるほど保有していないのであれば、買主都合での契約破棄とみなされ、手付金が戻ってきません。そのため、経験を積んで、融資特約なしで勝負ができるのを見立ててから仕掛けるのをおすすめします。

競合優位性の高い物件を選ぶ

不動産は、買う前と買った後のことを考えなければいけません。買う前の努力として、購入金額を安くし、金融機関の返済のバランスを考え、利益がしっかり出るように工夫をします。買ってからが賃貸経営のスタートなので、入居者が常に入る状態をつくることが大切です。

第2章で競合優位性をつくることが満室経営に必要であることをお伝えいたしました。4P分析の立地が、不動産で唯一変えられない要素であることを説明しましたが、もう1つ、競合優勢を圧倒的につくりやすいものがあります。それは、もう1つのPであるProduct＝物件です。

物件の価値が、入居者ニーズに合致すれば、興味喚起が増え、成約であるアクションに繋がりやすくなります。そこで、部屋の価値を工夫して高める方法をとります。

例えば、壁紙にアクセントクロスを使用しておしゃれに見せたり、部屋の壁の一部をくり抜いて小物置き場をつくったり、壁に服が簡易的にかけれるフックを付け足したりと、あったらいいなシリーズで価値アップを図ることができます。

しかし、周りの大家がちょっと本気を出すと、いつでも真似できるので、競合優位性はいずれ失われていきます。

そこで、買う前から買った後の経営の側面を重要視した上で、参入障壁の高さも検討に入れます。ここで重要な差が生まれるのが、Productに当たる部屋の広さです。この部屋の広さも、立地に近しいレベルで、後から変えるのが難しい部分になります。

部屋が広い物件の魅力

1部屋当たりの広さが、周辺の物件より少し広いと、住みやすいイメージが湧きやすすので、入居希望者に刺さりやすいです。基本的には、筆者が保有している物件のほとんどが、1Kタイプの単身用のアパートです。首都圏では、単身用の1Rや1Kタイプだと16平米~18平米が多いです。

そこに25平米の物件を保有することで、周辺の物件との差別化がスペックからできている状態になります。また、値づけも、周辺の1Kタイプと同じ値段か1，000円～2，000円高い設定にしているので、比較検討するとコスパがよいのは一目瞭然です。

東海エリアの物件であれば、首都圏とは違い、地方になるので、土地の値段も安いです。そうすると、多くの単身用の部屋が25平米近くあります。普通の1人暮らしの部屋の広さの感覚が、首都圏に住んでいる人とはに差が生まれています。

したがって、東海エリアで保有している物件の単身用は、30平米の物件を選んでいます。1人暮らしでも収納スペースが圧倒的に広く、ゆとりを持って部屋のスペースを使える状態です。その上で、首都圏の物件と同じ割合での家賃設定にしています。

特に、名古屋の物件は、1部屋の広さが15平米しかなかったので、2部屋を1部屋に改装した物件になります。もともとは、病院の看護寮としてつくられたマンションでした。この物件は、積算評価も高く、部屋の間取りも周辺の単身用と比較しても競合がない状態になっています。

このように、物件選びで少し着眼点を変えるだけで、買った後の経営が物凄く楽になります。しかも、周辺の競合物件は、マネすることが難しいため、なかなか競合として現れません。

仮に競合が現れるとしたら、新築物件になります。この新築物件も、最近は相続対策が後押しをしてくれているお陰で、建築会社がオーナーのことを考え、収益率が高い物件を提案しています。そうすると、1部屋当たりの部屋の広さが相場と同じになるため、新築というプレミアムが剥がれてしまえば、気にすることなく経営が続けていけます。したがって、筆者が保有してきた6棟（バルク1棟は売却済み）のうち5棟は、周辺の物件より部屋面積が広いので、すぐ満室になり、経営ができているのです。

参入障壁が高いエリアだと築古3点ユニットでも家賃が取れる

東京都中野区にある中野坂上の物件は、築29年で3点ユニットでした。こちらの物件は、中野坂上駅から徒歩4分以内の好立地物件です。不動産投資を始める第1号物件のバルク1棟で仕入れました。

【図表8　3点ユニットでも競合より広い部屋】

仕入れる前に4P分析をしたところ、駅徒歩5分圏内の物件がバブル期につくられたものが多く、18平米の単身用が多くを占めていました。その中で25平米あったので、3点ユニットでも戦えると踏んだのです。しかも、有難いことに、規制がかかり、これ以上狭い部屋を新しく

建てることができなくなったのです。

そうすると、好立地の物件は、建て替えしか場所がないので、新築は立地条件でどうしても負けてしまいます。その結果、築29年の３点ユニットにもかかわらず、１部屋の家賃が8・7万円〜9万円で満室経営ができました。３年半の間に1度だけ退去がありましたが、1か月で入居者が決まり、家賃の下落もありません。

場所×広さ×参入障壁で人気のない３点ユニットで高値の家賃が取れるほど、都内の物件は広さへのニーズがあるのかも知れません。不動産会社の営業トークにある「１人暮らしは、帰って来て寝るだけだから狭くても問題ありません」営業は、以外と当てにはできません。

人気のないエリアでもニーズを掴めば独占状態がつくれる

名古屋の中でも、昔から名古屋に住んでいる人たちからは、人気のないエリアがあります。一見、普通の街なのですが、治安が悪いという印象が未だに残っているエリアがいくつかあります。その中の1つのエリアに、築24年の物件を持っているのですが、こちらも部屋の面積を活かした差別化を図っています。

周辺の１Ｋ物件が25平米が多くを占める中、30平米の部屋のマンションです。名古屋の街は、工業労働者が９万人と、日本の中でも1番のシェアを占めています。所有する物件の周辺も、工場地帯や病院が集まるエリアなので、30代〜40代の単身の方のニーズが強いことがわかりました。

【図表９　競合より収納×広さのある部屋】

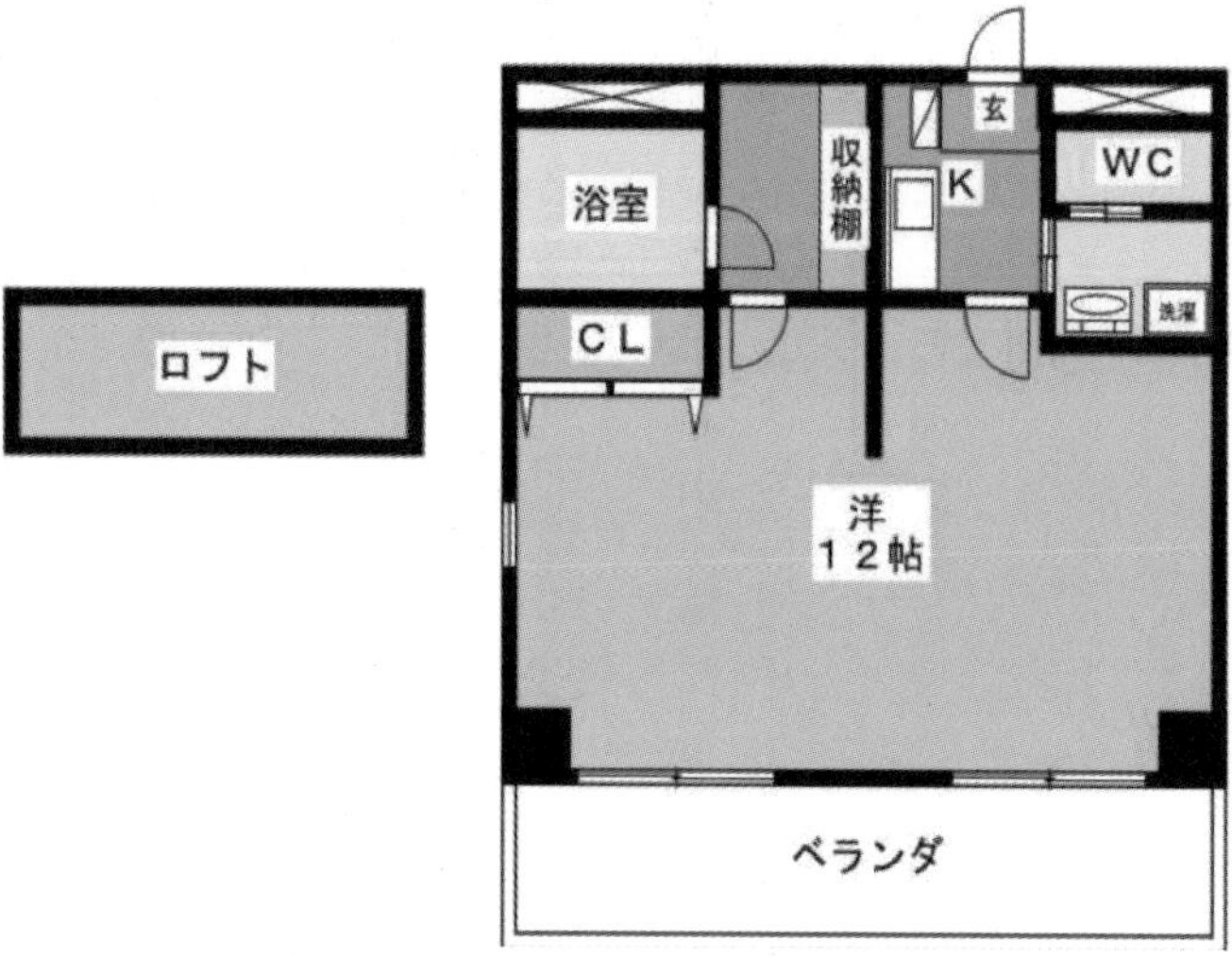

そこで、年齢を重ねた単身者をターゲットに、1部屋当たり12帖のゆとりある広さ×収納スペースの豊富さで勝負ができると思い、買付け後、簡易的なリフォームを行ったところ、エリアの中で類似する物件がなく、退去が起きても3か月以内に埋まる状態をキープすることができています。

家賃設定は5・3万円なので、エリア相場で見ると、1Kより高いものの2DKより安い設定にしてあります。場所×広さ×ニーズで競合優位性を最大化できた事例になりました。

やはり、4P分析のPlaceとProductを抑えることができると、一気に入居者ニーズに強くなるので収益が安定します。

したがって、購入前に競合優位性を考えて購入すると、買ってからの努力を最小限に抑えることができるので、余裕が持てるようになります。

横浜で16平米のアパートで苦戦

３棟目に購入した新築デザイナーズアパートは、１度退去が起こると３〜６か月空室になることがあります。こちらの物件は、管理会社の力が強く駅力もあるのですが、マーケットの変化についていけなかった事例となります。

購入当社はよかったのですが、１年前から相続対策ブームが起き、保有する周辺に新築アパートが８棟も増えました。築２年で退去が起きたのですが、新築の家賃が６・２万円です。筆者が保有する物件の家賃も６・２万です。しかも、当方の物件は、16平米のロフト付きデザイナーズアパートで、トータル面積は25平米なのですが、新築も同じ間取りです。立地の商圏が同じであれば、完全に負け確定です。

相続対策で収益物件を立てる場合は、土地にできるだけ部屋を確保できたほうが収益性が上がるため、建築会社の提案モデルが皆同じです。スペックで勝負できなくなるのも当然です。

したがって、こちらの物件は、家賃を下げてPlaceでの勝負しかありません。こうなってくると苦しい戦いが見えているので、将来の競合の観点は忘れてはいけません。

３階建の木造物件は要注意

筆者が物件を選ぶときに、絶対に候補から真っ先に外す物件があります。それは、木造３階建アパートです。木造３階建だと、マンションよりコストを抑えられて、部屋の数が確保できるため、収益性は抜群です。

にもかかわらず、何故、選択肢から外すのかというと、実は、木造の3階建アパートは、軋むのです。建築技術が発達しても、築古になれば軋みます。入居して部屋が軋み始めると、住んでいても居心地はよくありません。それによる退去リスクもあります。

経営するオーナー目線だと、収益性が高く、コストが安いのは魅力的ですが、入居者の住んでいる状況に不満を及ぼす要因が隠れていたりしますので、入居者視点での物件確認も必ず必要です。

また、管理会社がお客さんを案内するときにも、3階建の木造は軋むので、客づけしにくいという意見が一番多かったのです。やはり、3階建以上は、軽量鉄骨からのほうが無難です。

このように、物件の構造上の特徴を知らないと判断ができないことが、不動産ではたくさんあります。物件を選んでいく中、収益性の高さも大事なのですが、運営面で入居者観点に抜け漏れがあると、後々困ってしまいます。しっかりと事実確認を行うことをおすすめします。

その他にも注意が必要な物件としては、駐輪場がない物件があります。これは、土地に余裕がある物件の場合はさほど問題はありませんが、土地に余裕がなく、道路に面している場合だと、入居づけに少し苦労します。自転車すら置く場所のない物件の場合、入居者の移動手段が限られてきます。車は持っていなくとも、自転車すら保有できないのであれば、生活が不便でかないません。

入居者の立場に立って物件を再度見直すことを心がけて、対策を練っていきましょう。

第6章

ライバルと差をつける9つのテクニック

Ⅵ

名刺をつくることが効率化の始まり

不動産投資は、1人の力ではできません。不動産会社、管理会社、建築会社、リフォーム会社、プロパンガス会社など、様々な職業の方の協力が必要になります。その中でも一番多く接するのが、不動産会社の営業マンと管理会社の営業マンです。特に、収益物件情報を集めなければいけないので、複数社の不動産会社の営業マンとは、会う機会が多いと思います。

そんなときに必ず自己紹介をします。もちろん、サラリーマンらしく名刺を渡すのですが、本業の名刺を渡していませんか。もし、本業の名刺を渡しているのなら、すぐに改善すべきです。

理由は、物件の紹介をいただくときに、必ず連絡を取り合わなければいけませんが、本業の名刺を渡しても、書いてある連絡先は雇われ先の住所と会社携帯の番号と会社のメールアドレスだからです。

これでは、毎回、自分の携帯番号と住所とメールアドレスを伝え直さなければいけません。ものすごく効率が悪いです。同じ担当者なら1回でいいのですが、1社1担当で欲しい物件が手に入るほど見つかりやすいものでもないので、伝え直すという作業を繰り返さなければいけません。

これれば、不動産会社に限った話ではなく、管理会社の担当者へも同じです。入退去を繰り返す度に連絡を取り合います。しかも、管理会社の担当者は、意外と早く変わったりするので、その度に連絡先を伝え直す作業が増えるのでは、面倒くさくて行動が億劫になったりします。

したがって、不動産用の何者かわかる名刺をつくることで、説明しなくても相手は理解してくれる分効率的になります。書類のやりとりも増えるので、名刺を渡しておけば、書類への記入も頼めるので、とても便利です。これから、たくさんの事実確認やマーケットを調べに行くのに、行った先で無駄な時間が削減できますね。

ちなみに、名刺は、５００枚つくっても2万円ぐらいですので、安いものです。自分で、パソコンでやれば、１万円以内でつくれるので、コスパもいいです。

情報が命！　足を使って事実確認をする

不動産投資は、物件と銀行の組合せがとても大事です。その中で、銀行の融資や優良物件を手に入れるためには、やり手のバンカーや不動産会社の担当者を味方につけないとできないと思われているかも知れませんが、実際は、強力な知合いがいなくても問題ありません。正確には、あとから強力な味方になってくると、イメージしていただければいいです。

ライバルである投資家やサラリーマン大家さん達も、物件探しをする中で、不動産会社にアプローチをかけに行っています。その中で、不動産会社のやり手の担当に当たった方は、偶然にもラッキーです。

しかし、不動産会社のやり手の担当者は、１社に1人いればよいほうです。ほとんどが、収益物件を扱うオーナーの心情をわからないまま案内しているというのが現実です。そのため、不動産会社の担当者も、銀行の融資条件も、自分が雇われている会社が提携している条件ぐらいしか把握していません。その使える銀行の幅で、物件のキャッシュフローを計算するので、よい物件にならずに眠っている物件が多々あります。

オーナーである筆者達が、不動産会社の担当者に対してマネジメントを行い成長させることで、より多くの情報が集まり、担当者との信頼関係も深くなり、バンカーの知合いも増えていくようになります。そうすることで、ツテやコネがない状態から、よい物件情報や融資条件が合う銀行の拡大ができるようになっていきます。

もちろん、初めは、足を使って開拓をしなければならないので、面倒くさいかも知れませんが、面倒くさいのは他の投資家やサラリーマン大家さんも同じです。特に、サラリーマン大家さんの場合は、時間に制限があるため、難易度が高い話になってきます。したがって、行動した者が有利になってくるのは、当然の結果です。

そのためには、まず自分自身が銀行と不動産会社からより多くの情報が集まる状態をつくらなければいけません。情報が集まる状態をつくるためには、準備が必要です。準備をしておくことで、効率よく銀行と不動産会社への事実確認や自分に適した物件情報を正確に提供してもらえるようになってきます。フットワーク軽く動くためにも、次の準備と行動モデルを覚えておきましょう。

効率的に銀行へアプローチするための準備

不動産会社が提携している銀行の融資条件でも問題ないのですが、銀行によっては、融資の提携をしている不動産会社の貸付実績により、融資条件が違うケースがあります。

したがって、大家自身が、どの金融機関でどんな融資条件があるのかをしっかり把握していないと、判断がつきません。それに、新たに自分の属性で融資してくれる銀行が見つかる可能性もあるので、しっかり自分自身でも銀行訪問をすることが重要です。

サラリーマンが銀行を訪問できるのは、平日の昼休憩ぐらいになると思います。営業職の方であれば、時間のコントロールができるので、もう少し余裕が持てるかも知れませんが、本業の仕事に差し支えては、本末転倒になってしまうので、限られた時間の中で効率よく銀行訪問し、融資条件を確認していきましょう。

銀行へ訪問するときに準備しておく資料は、次のようなものです。

・過去３年分の源泉徴収票
・過去３年分の確定申告書（すでに確定申告している場合）
・借入明細表（すでに借入れがある場合）
・保有物件のレントロール（すでに物件を保有している場合）
・エビデンス（現金や株などの資産になるもの）
・免許書の裏表コピー
・仮で審査に出す物件（あれば具体的な融資の方向性がわかる）

これらを紙ベースで複数用意することで、毎回準備しなくて済みます。なぜ紙ベースで用意するかというと、資料を提出するときにデータでは受け付けてくれない銀行があるからです。

個人情報を取り扱うため、審査に来たお客さんとメールでのやり取りができなかったりするので、あらかじめ銀行に、自分はどんな財務状況なのかがわかる資料を用意し、提出した上で融資条件を確認したほうが効率的です。これらの資料があれば、融資の基準が見えてくると思います。

仮で審査に出す物件も、木造、重鉄、ＲＣと、希望に近い物件の種別を同時に出すことで、銀行特有の融資の傾向が見えてきます。

これらの資料の準備ができれば、あとは昼休みの1時間を活用して、銀行を回るだけになるので、1週間でこのエリアの銀行を把握できるようになります。

有利に進めるための不動産会社へのアプローチの仕方

気になる物件情報があれば、不動産会社に問い合わせ、資料を請求します。資料が届いても、実際に融資がつくかわからないので、必ず銀行へ提出するための資料を不動産会社の担当者へ送りましょう。

不動産会社の担当者は、銀行に審査をかけるために動くので、資料が必要になります。不動産会社へ送る資料は、データベースで問題ありません。不動産会社にはメールで資料を送れるため、不動産会社の担当者には自分の財務状況がわかる資料を送りましょう。

不動産会社の担当者も、資料を送ってくる人は物件購入に前向きな人として認識を持ってくれるので、優先順位高く動いてくれます。一般的に、自分の財務状況がわかる資料提出を自ら進んで送る人は少ないので、初めのスタートダッシュで差がつきます。

このように、自分自身で銀行を回る場合と同様に、紙ベースの資料と不動産会社に送るデータベースの資料を事前に準備しておくことが効率的です。

不動産会社の担当者に銀行の融資条件を調べてもらうときの注意点

不動産会社の担当者が、融資を引っ張ってこれる金融機関との強いパイプがあれば問題ないのですが、実際にたくさんの銀行の融資条件を把握し、取引実績がある人は少ないです。したがって、今まで取引がなかった銀行に、自分の代わりに動いて開拓してもらう必要があります。

しかし、不動産会社の担当者も暇ではありませんので、すぐ買えるお客さんであれば、若干は対応してくれるかも知れませんが、自社の提携金融機関で融資をつけたい担当者ですと動かすのは難しいので、見切りをつけるのも必要です。

金融機関は、不動産会社から一定の取引があると、その不動産会社からの紹介案件は金利などの融資条件がよくなったりします。提携金利が低くなると、不動産会社も自分の会社から紹介する物件のほうが他社の物件よりも融資条件がよいし、金利も低くできるため、購入希望者を獲得しやすくなります。

したがって、不動産会社の経営方針にもよりますし、従業員の忠実性にもよるので、当たりハズレがあると思っておいてください。

一緒になって物件情報や銀行の開拓をしてくれる担当者と出会ったときに注意しなければいけないのが、銀行への融資の確認の仕方です。ほとんどの場合、銀行には電話で融資確認をしています。しかし、電話だと、銀行は一概に条件を言えないケースもあるので、濁した返答になりがちです。その濁された返答から、不動産会社の担当者の解釈で、「融資条件は悪そうです」と報告を受ける状態になります。この報告を真に受けてしまっては、開拓できる銀行も見つからず終わってしまうので、銀行への融資条件の確認の仕方は電話だけでなく、訪問をした上で、確認した内容かどうかを見ておくと安心です。

訪問して、しっかり銀行の担当者と話をした上で、融資が厳しいようであれば、その銀行での融資を受けるために足りないものは何かを把握することができるので、自分の中で使える銀行の優先順位づけもしやすくなります。

こういった一連の流れをマネジメントすることにより、抜け・漏れがなく、融資先の候補がつくれていきます。また、不動産会社の担当者も、使える銀行が増えるため、お互いにWIN-WINの関係がより強くなっていくのです。

不動産会社の担当者が使える銀行の引出しが増えてくると、未公開物件の情報が入ったときに1番に紹介をしてくれたりするので、強力なパートナーになります。このような不動産会社の担当者を複数つくることで、情報が自動で集まる状態になってきます。そのため、情報が集まってくる仕組みを持たないサラリーマン投資家とは、格段の差がついてきます。

【図表 10　登記簿謄本見本】

表　題　部（主である建物の表示）	調製	余白	不動産番号	1844001109084
所在図番号	余白			
所　在	特別区北都町三丁目　150番地2		余白	
家屋番号	150番2		余白	
①種類	②構造	③床面積　㎡	原因及びその日付〔登記の日付〕	
居宅	木造かわらぶき2階建	1階　85　00 2階　85　00	平成23年7月25日新築 〔平成23年7月25日〕	
所有者	特別区北都町三丁目3番3号　登記太郎			

権利部（甲区）（所有権に関する事項）			
順位番号	登記の目的	受付年月日・受付番号	権利者その他の事項
1	所有権保存	平成23年7月26日 第25756号	所有者　特別区北都町三丁目3番3号 登記太郎

権利部（乙区）（所有権以外の権利に関する事項）			
順位番号	登記の目的	受付年月日・受付番号	権利者その他の事項
1	抵当権設定	平成23年7月26日 第25757号	原因　平成23年7月26日金銭消費貸借同日設定 債権額　金5[illegible]万円 利息　年3% 損害金　[illegible] 債務者　特別区北都町三丁目3番3号 登記太郎 抵当権者　特別区西都町一丁目1番1号 株式会社法務銀行 （取扱店　霞が関支店） 共同担保　目録(わ)第5680号

登記簿謄本から相手の残債を読み取れ

不動産を買う場合、物件資料の中に登記簿謄本があります。登記簿謄本には、第三者に対する客観的な証拠として、不動産の所有者の履歴や情報、権利に関わる情報が記載されています。その中でも重要なのが、所有者に関する権利が記載されている甲区になります。ここを見ると、その所有者は誰なのか、いつ、どんな理由で所有権を取得したのか把握することができます。

さらに、乙区には、その不動産に対して所有権以外にどんな権利が登記されているのかが記載されています。

筆者が注目して見ているのは、金融機

関による抵当権や根抵当権です。理由は、登記簿謄本の乙区を見ると、現在の所有者が、その不動産を担保に、いつ、どこの金融機関で、いくら融資を受けているのかが丸わかりの状態だからです。

例えば、売主が10年前に5，000万円の融資をR銀行から受けていることが記載されていたとします。R銀行の10年前の融資条件の金利が2％だとすると、30年融資で残債3，600万円の状態。25年融資で残債3，290万円の状態。20年融資で残債2，748万円の状態というように、売主の残債の幅を推測することができます。

融資を受けた時代によっては、融資年数が大体決まっていたりする金融機関もあるので、売主の残債の見立てはより精緻なものとなります。

情報がヒアリングできるのであれば、仲介会社の担当者に売主の融資年数を確認して見るのも1つの手です。

売主も、基本は損をしたくないのが当然なので、残債を下回る価格では売りには出しません。少しでも利益が出ることを望んで売りに出しています。しかし、指値に応じることも計算済みで売りに出しているケースも多々あります。

そこで、指値をする幅があからさまに売主を怒らせる金額では、今後の交渉ができなくなる場合もあるので、指値の金額には気をつけなければなりません。

登記簿謄本で売主の残債の幅が確認できれば、自ずと指値ができる最大値が把握できます。もちろん、売りに出ている価格と収益性の計算をした上で、最終的に指値の金額を残債とのバランスを見ながら決定するのですが、指値をする金額を４００万円にした場合、この４００万円分を安くして貰うための根拠が必要になってきます。

指値をするときの主な理由としては、次のようなものがあります。

① 物件の悪いところを指摘する
② 修繕費用分を安くして貰う
③ 銀行融資を根拠にする
④ 自分が買える金額を根拠にする
⑤ 解体費用分を安くして貰う

主としてこの5つのパターンを組み合わせて、指値の４００万円の根拠をつくりにいくことが重要になります。

売主は、自分が保有している物件のデメリットを把握しているので、残債とのバランスを見ときに、無理がなく、得も大きくしないが、損もしない状態であれば、指値を受けて貰える可能性が高いです。

残債がない物件の場合は、築古が多いため、解体費用の交渉が比較的しやすいです。土地値と同じぐらいの金額で希望価格を出している築古木造アパートは、解体費用２００万円~３００万円を目処に交渉を行い、着地としても解体費の半額は最低でも指値できるようにしておくと、満額で購入することが少なくなるので、経験を積んでいけるようになります。

ないならつくる！　自己資金を増やして融資の審査をクリアする

融資を受ける場合、属性や年収や自己資金によって、融資可能かどうかが分かれてきます。そんなときに役に立つのが、自己資金のつくり方です。銀行は、融資をしても借りている人の現金の余裕がなくなる状態になってしまうのであれば、融資はしません。したがって、諸費用や頭金を払ったとしても、現金に余裕がある状態をつくらなければいけません。

そこで、頭金が10％必要という条件を出された場合に、自己資金を使うのではなく、既存の物件のリフォームローンを活用し、一時的に現金を大きくした上で物件購入に挑みます。そうすると、リフォームローンで融資を受けた金額で頭金を圧縮することができるので、自己資金を減らさず、手元に残したまま温存することも可能です。

また、現在保有している預金を担保に、ほぼ同額のお金を金融機関から借りられる預金担保融資の活用もあります。預金担保融資のメリットは、金利が比較的低く、実行スピードが速いことです。

５００万円の現金を保有して４５０万円の預金担保融資を受けると、通帳には９５０万円の現金が存在している状態になるので、融資を受ける際にプラス評価になりやすいことがポイントです。実際は、半分しか使えませんが、約倍に自己資金が増えている状態をつくることができます。

注意することは、預金担保融資の借入情報を共有されてしまうと、借入比率も増えてしまうので、融資の審査に響きます。そのため、共有されないタイミングの調整が必要になります。

このような方法でも、ある意味自己資金を増やして、融資条件を少しでも有利に導く戦い方もあるのです。したがって、現金がないから不動産拡大ができないと諦めるのではなく、できる方法を考えチャレンジしていくことが重要だと思います。

結局のところ、十分なキャッシュフローが出る物件を取得すれば、返済によるリスクの問題はありません。

論より証拠！　成功大家の話は聞くべし

不動産投資で物件を増やしていこうと思うと、様々な問題にぶつかると思います。そんなときに大事なのが、成功している大家に話を聞くことだと思います。成功している大家は、みなんがぶつかっている壁を、あの手この手で乗り越えていった人達ばかりです。自分自身では想像もつかなかった手法が存在するケースが多くあるので、知っておいて損はないです。

例えば、不動産会社からの提案で使える金融機関を紹介されたけれど、融資条件が悪く、キャッシュフローが満足にいかない場合など、相談したほうがよいケースがあります。すでに成功大家が融資付けをなるべくよい条件でねじ込んでくれるバンカーを紹介してくれたりなどあったりするからです。

紹介で条件のよい融資が受けられるのであれば、手間もかからないので最高です。また、たくさんの物件情報が集まる仕組みもつくっているので、自分の情報以上の物件紹介を貰えるチャンスの拡大にも繋がります。特に、不動産は、タイミングもありますし、１人ではたくさん買えないので、一生懸命な人の手伝いをしてくれる成功大家が多いです。

自己資金を増やすテクニックや、共同担保の上手な使い方など、数々の修羅場を越えてきた大家だからこそ、知っているノウハウがあります。

そんなノウハウを初めから知っている人とそうでない人では、大きな違いが生まれてきます。したがって、セミナーやSNSで知り合うきっかけがあれば、ぜひアプローチしてみてください。よい関係性がつくれると、いろんな意味での川上情報が入ってきます。

これは、筆者の経験で感じたことなのですが、成功大家から情報をもらうときに注意することがあります。

今の時代は、SNSで簡単に知合いになることが多いのですが、ノウハウ情報を聞くためには、実際に会って聞いたほうが、成功情報を提供される可能性が高いです。SNSだけで知合いになっても、状況がわからないので、的確なアドバイスを貰えることがあまりないのです。

リフォーム業者も紹介を貰うと格安になる

また、物件を所有していると必ず必要になってくるのが、リフォーム業者です。原状回復やリフォームをして物件の魅力を維持したり、バリューアップしたりとするのですが、このリフォーム代が業者によりバラバラです。

同じ工事をするのに、料金が2倍違う業者も存在するのが不動産の世界です。価格の統一化がまったくされていないのが現実です。

過去に、マンションの1室で配管の劣化が原因で水漏れが起きた経験があります。水漏れを起こしている1部だけ修繕することも可能だったのですが、築28年の物件だったので、当時は配管を銅管で使用していたため、水の温かいや冷たいの収縮で劣化が起き、水漏れを起こす原因になっていました。

そのため、いつ他の部分が劣化し水漏れを起こしてもおかしくない状態だったので、すべて取り替えをすることにしました。

3社の業者へ見積り依頼をしたところ、A社は26万円、B社は22万円、C社は21万円という結果報告でした。そのため、20万円ちょいで取り替えができるのだとわかりました。

しかし、偶然、リフォームの話を大家仲間でしていたときに、コスパのよいリフォーム業者を知っているから1度見てもらったらと紹介をしていただきました。紹介していただいたリフォーム業者の見積りは、何と16万円だったのです。

自分で調べた見積りの価格より、最大で10万円も金額が違っていました。もちろん、紹介していただいたリフォーム業者に仕事の依頼をしたのはいうまでもありません。

このように、よいリフォーム業者を知っていて紹介を貰えると、修繕コストの削減にもなり、経営が楽になってきます。1度リフォームをお願いすると、業者との付合いも増えるため、今後の取引もコスパのよい価格で提供して貰えるので一生モノです。

成功大家からの紹介は、不動産に関わる業者へのパイプを独自で持っているので、自ら積極的に接する機会をつくり、仲間として一緒に行動できると、とても心強いパートナーになるのでおすすめです。ちなみに、大家仲間が増えていくと、その他にもメリットがたくさんあります。その1つに情報共有があります。

特に、情報が命といわれる業界なので、精度の高い情報に関しては、喉から手が出るほど欲しいのが正直な意見ではないでしょうか。その情報の中でも、金融機関の情報とエリア情報は、重宝されます。

自分1人では、毎月決済を行うことは不可能です。しかし、仲間がたくさんいれば、毎月、誰かは決済をしているので、最新の金融機関の情報が入ってきます。

金融機関の融資の変化や兆しが見えたときは、絆の深い仲間と精度の高い情報が共有されます。金融機関の使い方1つで大きな利益の変化が起こるビジネスだからこそ、その有益な情報を掴み、大きなチャンスを自分のものにした人が成功をしているのです。

もう1つのエリア情報に関しては、エリア拡大をしたいときに、実際にその拡大したい先のエリアで成功している大家仲間の情報のほうが、不動産業者の情報より精度が高く、経営モデルの汎用性があります。したがって、エリア拡大時には、どのエリアでどんなスペックのある物件を、どの地銀を使い利益を出すのが賃貸経営の安定化が図れやすく、客づけノウハウも合わせて、そのエリアだからこその戦い方がわかるようになるからです。

第7章　不動産専門の税理士で差がつく

Ⅶ

頼むなら不動産に詳しい税理士にお願いする

みなさんは、税理士にはどんなイメージを持っていますか。

・いつも難しい顔をして電卓をたたいて計算をしていそう。
・少し相談しただけで高い料金を取られそう。
・偉そうで、融通が利かなさそう。

そのようなマイナスのイメージを持っていたりしませんか。

確かに、普段生活をしていても、税理士とかかわる機会はあまりないと思います。特に、サラリーマンをしていると、税理士とかかわる機会はありません。不動産投資を始めたからといって、気軽に税理士に相談するということを初めからする人は少ないと思います。

しかし、不動産を所有すると、賃貸経営者になるので、税務申告をしなければいけません。

そんなときに、次のような不安があるかと思います。

・「確定申告」は、しなければならない。
・だけど、「確定申告」は、難しくてよくわからない。
・国税庁のホームページから、書類はとりあえずつくれるが、それで本当に正しいのかわからない。

そのため、必要に迫られて、税理士に相談に行っているケースがほとんどだと思いますが、せっかく税理士に相談しに行くのであれば、不動産専門の税理に相談しに行くことをおすすめします。

筆者も、不動産専門の担当者がいる公認会計士・税理士　永江将典事務所の檜垣昌幸さんと出会って、不動産投資での拡大戦略に大きな影響を与えて貰いました。

当時の筆者のように、拡大してくのに融資面や税金の対策面などで悩んでいる方に、税理士との接し方をお伝えします。

どんな人が税理士に依頼するといいのか

次の①～③について考えてみてください。

①　これは経費になる？　ならない？

経費に「なる」か「ならない」かの判断で迷うものとして、次のものがよく出てきます。

・物件購入の仲介手数料
・未経過固定資産税相当額
・登記費用
・不動産取得税
・自動車関連の費用
・電車代（領収証はない）
・自宅の家賃
・飲食代
・雑誌、書籍

・趣味で買ったもの
・セミナー受講料
・新聞や雑誌の定期購読料

これらの支払いが、経費に「なる」「ならない」の正確な判断はできないのではないでしょうか。
また、仮に、税務署から経費について指摘された場合、自信をもってその判断が正しかったと主張できるでしょうか。

不動産投資を始めて最初の何年かは、自分で確定申告をしていたものの、「規模が大きくなった」「戸数が増えた」等の理由で、確定申告について相談に行くようになる人が大多数だと思います。

自分で申告していた分の帳簿や資料を税理士に見せると、

○経費にならないものが、経費になっている（税務調査で確実に指摘される）
○経費にできるものが経費になっていない（税金の払い過ぎ）

ということがよくあります。（前の税理士が間違っていたということもありますが…）

経費に「なる」「ならない」の判断は、しっかりとした知識がないと簡単にはできません。

② 減価償却資産と耐用年数について理解できているか

・購入した物件の建物部分
・各部屋の給湯器やエアコンなどの設備
・物件を管理するために使用するパソコンなどの備品

・物件の見回り、新規物件の開拓のために使用する自動車

これらのものは、不動産投資を行うに当たって経費にすることができるものです。しかし、購入時に、購入額のすべてを経費にすることはできません。「減価償却資産」として、それぞれの「耐用年数」に応じて経費にしなければなりません。新品で購入した場合の耐用年数はわかりやすいですが、中古で購入した場合の耐用年数は複雑になります。

③　青色申告の場合の青色申告決算書や白色申告の場合の収支内訳書、確定申告書（以下「確定申告書等」という）は正確につくれるか

確定申告書の作成は、「みんなの青色申告（ソリマチ㈱）」や「やよいの青色申告（弥生㈱）」等の市販のソフトを利用すれば、簡単に作成できます。最近では、「ＭＦクラウド確定申告（㈱マネーフォワード）」やｆｒｅｅｅ（ｆｒｅｅｅ㈱）等のクラウド系の会計ソフトを利用すれば、事前に登録だけしておけば、通帳明細やクレジットカードの利用明細を自動的に取り込んでくれるソフトもあります。すごく便利です。それらのソフトを使用すれば、苦労することなく、確定申告書等を作成することができます。

しかし、そのつくった書類は、本当に間違ってない状態になっていていることを確認しなければいけません。先に挙げた①や②以外にも、間違えやすい場所はたくさんあります。それをすべて自分でチェックするのは、専門の知識がないと非常に難しいです。

①〜③で、１つでも不安に思うことがある人は、税理士に相談したほうがいいと思います。

税理士に相談したら「すぐにお金を請求される」と思っている方が多いかもしれませんが、現在、ほとんどの税理士事務所は、「無料相談」ということで、タダで相談に乗ってくれます。そこからその税理士と契約するか否かは、自分次第なので、気軽に相談しに行くことができます。

税理士に頼むタイミングはいつ？

どんなタイミングで税理士に相談に行くのがいいのでしょうか。

税理士事務所に相談をしにいくケースとしては、

① 1棟目を購入した後の最初の確定申告の時期
② 1棟目の物件を購入した後
③ それ以外

という順番で、初めての相談に行くケースが多いのではないでしょうか。

実際に、税理士事務所に確認をとってみたところ、数にすると8割以上が①か②のタイミングで相談に来ている状態でした。

そのタイミングが本当に正しいタイミングなのかということが重要です。

物件を探す際に不動産会社が掲示する資料では、「キャッシュフローはいくら」という情報が載っています。しかし、その資料では、次の2項目が問われています。

・あなたのサラリーマンとしての年収は、考慮されていますか

・2件目以降の物件の場合、既に所有している物件の収入は考慮されていますか

不動産投資をする方の中には、サラリーマンとしての年収が３００万円の人も３，０００万円の人も、様々な人がいます。極端なことをいうと、サラリーマンとしての年収が３００万円よりもっと少ない人や、３，０００万円よりもっと多い人もいます。

仮に、年収３００万円のサラリーマンと年収３，０００万円のサラリーマンが同じ物件を購入した場合、手残りは一緒だと思いますか。そうではありません。

物件を購入すると、長期的に保有することになると思います。少なくとも、サラリーマンが1年や2年で売却することを考えて賃貸用の物件を購入することは、ほとんどないと思います。もちろん、損をしてでも売却するということであれば、すぐに売却することはできるかもしれませんが、現実的ではありません。

そんな長期的に保有するものを購入するに当たっては、税金についてしっかり計算しておかなければいけません。キャッシュフローがあるから、そこから税金を払えばいいと単純に思っていると、手残りの金額に差が出てきます。どうせなら、手残り金の最大化をしてきましょう。

もちろん、何年も先のことは予測できないことが多いので、将来のこと、を計算してもそのとおりにいくとは限りません。法律が変わって、税金の構造自体が変わる可能性もあります。しかし、今わかっていることだけでも、確実に考慮して計算したほうがいいと思いませんか。

その物件が投資用物件として最後になるということであれば、それでもいいかもしれません。し

かし、その先に物件を購入して増やしていこうと考えているのであれば、税金をコントロールするスキルが必要になります。

そうであれば、税金もしっかり考慮した上で、キャッシュフローを計算したほうが絶対にいいです。そうすることで、「1年で300万円のキャッシュフローがあるから、3〜5年後には次の物件の諸費用や頭金になるな」と、明確な予測をすることができるようになります。

何でも正直に話せる税理士を見つけよう

この先、物件を拡大していきたいという方からの物件購入のための相談に乗っていると、税金の問題や銀行が好む貸借対照表の話に関連して税理士の話になると、「物件を買ってからじゃなきゃ相談に行ってはいけない」という先入観がある方が多いように思います。

しかし、実際は、そんなことはありません。せっかく「無料相談」を掲げている税理士事務所がたくさんあるのですから、相談に行くべきです（※事前に、無料相談かどうかの確認は必ず行いましょう。初回から有料相談の税理士事務所もあるようです）。

もちろん、相談に行ったからすぐに契約しなければいけないということはありません。そして、なるべく多くの自分の情報を開示し、たくさんのことを教えてもらいましょう。

税理士には、「守秘義務」があります。そのため、あなたが契約しなかったからといって、その腹いせにあなたの情報を外に漏らすことはできません。安心して情報を開示してください。

ただし、何もわからない状態で行くと、「何を聞いていいのかわからない」状態になってしまいます。そうなると、いくら無料相談だからといって、時間と労力が無駄になってしまいます。電車代やバス代、ガソリン代、駐車場代等の交通費まで無駄になってしまいます。それではもったいないです。本書を読んでいるくらいなので、そこまで何も知らないということはないと思いますが…。

しかし、１つ注意することがあります。税理士も人間です。「俺はお客様だ～」というような横柄な態度で相談に行くのはおすすめしません。税理士も人間です。横柄な態度で来られると、「この人とは契約したくない」と思われてしまいます。相談に来た人にアドバイスしたほうがよいことを思いついても、教えてくれなくなるかもしれません。それでは、お互い得をしないです。自分がお客様という立場であっても、教えてもらっている以上、最低限の礼儀は守るべきだと思います。そして、たくさんのことを教えてもらいましょう。

逆に、「俺は教えてやってるんだ」という雰囲気で対応されることもあるかもしれません。その場合は、すぐに話を切り上げましょう。税理士は、他にもたくさんいます。あなたが全く気にならなければいいのですが、気分を害してまで話をすることはないと思います。一緒にビジネスを拡大していくパートナーになるのですから、気分が悪い人と無理に付き合うことはありません。

不動産に強い税理士選びのコツ

では、ただ単に、税理士を金額で選べばいいのでしょうか。もちろん、安いに越したことはありません。不動産投資を始めてすぐの場合は、特に、キャッシュフローが小さいため、税理士に依頼することと自体にも躊躇するかもしれません。そんな状況で、「ウチは安くやりますよ～」といった広告を見たら惹かれます。しかし、その税理士は、本当に不動産投資に詳しいのかどうかを見極めなければいけません。

税理士は、「税金を計算する」ことが仕事です。これは、商売をやっている以上、どんな業種にも関係してきます。そのため、税理士がかかわる業種は、不動産投資業だけではありません。

・食料品や電化製品などを販売する「小売業」や「卸売業」
・自動車やパソコンなどを製造する「製造業」
・ラーメン屋さん、ファーストフードなど飲食店などの「飲食店業」
・マッサージや美容院などの「サービス業」

挙げればキリがないほどたくさんの業種があります。

「税金を計算する」という行為は、事業をするすべての業種に関連してくるので、税理士はすべての業種にかかわっている可能性があります。

それほどたくさんの業種にかかわる税理士は、自ずと専門分野、得意分野ができてきます。その逆に、あまり得意としない分野も出てくるのが当然の流れです。

例えば、身近なお医者さんを例にとって考えてみてください。内科、外科、皮膚科、眼科、精神科とたくさんの診療科目があります。そして、内科もさらに消化器科、神経内科、心療内科…といくつもの種類があります。「内科、皮膚科、外科…」というくつかの診療科目を兼ねている病院はたくさんありますが、「どんなことでも対応します」というのは、市民病院や大学病院などの本当に大きい病院しかないです。

しかし、税理士は、どんな業種でも対応している場合が多いです。特に、小さい事務所だと、お客様を選んでいては売上をつくることができません。そのため、「どんな業種でも対応します」ということでお客様の幅を広げて、商売していることが多いのです。

よく対応する業種のお客さんだと、
「他の方はこんなことしてますよ」
「こんなものも経費になりますよ」
とアドバイスができます。

しかし、自分があまり得意としない分野だと、積極的にアドバイスをすることができません。特に、不動産投資の場合、額が大きいので、１つの判断が大きく将来を左右する可能性があります。税理士も間違ったことをアドバイスできません。どうしても対応が受け身になります。この受け身の税理士では、不動産を拡大してくのは、正直、難しいと筆者は思っています。

そのため、
・お客さんが持ってきた資料の最低限の処理だけ行う
・どんな業種にも使える一般的なことだけ教えてくれる

というような、当り障りのないことしか言いませんし、できません。それでは、税理士に依頼する意味が余りありません。ちょっと勉強して、自分で確定申告を行ったほうがマシです。

そこで、本題に入っていきます。

どうやって税理士を探せばいいか。大きく分けて次の2つがあります。

① 不動産投資に関連する書籍を出版したり、セミナーを行っている税理士に相談に行く

② 無料相談をはしごする

やはり、本命は、①の「不動産投資に～」です。これは、説明するまでもないと思います。実際に、ご自身で不動産投資を行い、たくさんのお客さんに対応してきているので、いろいろな情報を貰えると思います。

また、銀行との付合いが深いことも多いので、借り換えや新物件を紹介してくれるかもしれません。

1つ難点があるとすれば、書籍の出版やセミナーを行っている税理士は、顧問料が比較的高めな設定であることが多いということです。やはり、専門家の中の専門家なので、しっかり料金を取られます。

もちろん、高く払った分のメリットは出てくるのですが、不動産投資を初めてすぐのタイミングで、キャッシュフローが小さいとなると、なかなか依頼することができませんね。いくらいい税理士に頼んでも、その費用が元にキャッシュフローがマイナスになったら元も子もないですから…。

そんなときは、②の「無料相談をはしごする」です。せっかく無料で相談に乗ってもらえるのだから、いろいろなところで話を聞いてみるというのも1つの手です。

購入する物件を探すときは、あちこち回りますよね。少しいい物件があっても、「もっといい物件が見つかるかも」と常に考えていたりしませんか。税理士探しもまったく同じです。たくさんの税理士がいるので、いろんなタイプに出会います。

・積極的に節税を提案する
・常に受け身で質問すると答えてくれるが、自分からは提案しない

などなど。

不動産投資に詳しいのは最低条件ですが、それ以外の自分との相性ということもあると思うので、しっかりと選ぶことをおすすめします。

そして、無料相談に行くときにおすすめしたいのは、

・あなたの収入や所得がわかる資料
・あなたの所有する（購入しようとしている）物件詳細

などの、具体的に計算できる書類や資料を持参することです。

これらを持参すると、自分の状況に合った具体的な話をしてくれます。無料相談は1時間までといった制限のあるところが多いと思うので、できる限りその時間を有意義に使っていきましょう。

無料相談を何件かはしごすると、税理士によって様々なアドバイスをしてくれると思います。

時には、不動産投資について詳しくないのか、直前にネットで調べたんだろうな～というアドバイスしかしてもらえない場合もあるかもしれませんが…。未来のパートナー選びなので、収益物件並みに、真剣に探していきましょう。

税理士をスーパー活用するテクニック

①　銀行融資について

不動産業者が提携する金融機関から、高い金利の融資を受けている方も多いと思います。

物件は、休みの日を使ってたくさん見て回り、たくさんの候補の中から条件のよいものの購入を検討します。しかし、借入先は、貸してくれる銀行が見つかったら、物件の購入を逃さないために、すぐに決めてしまうということはありませんか。せっかくいい物件があっても、金利がよくなければ手元に残る額も変わってきます。

仮に、5，000万円の融資を受け、利率が2・5%と3・0%のたった「0・5%」の差でも、返済期間が10年であれば支払う利息が130万円以上違います。5，000万円の融資ですと、20年ローンということもあり得ます。20年ローンだと、「0・5%」の差でも約300万円支払う利息が違います。改めて計算すると大きいです。

しかし、いくら金利の差が重要だと知っていても、サラリーマンをしていると、なかなか金融機関に融資の相談に行くことは難しいと思います。普通の住宅ローンなら、土日でも相談を受け付けてくれるところはありますが、不動産投資のローンだとなかなかありません。

自分の属性を説明し、現在の物件の状況や購入を検討する物件を説明し…となってくると、審査の期間を含めば1回や2回で終わることはなかなかありません。

そこで、「その交渉を税理士に任せる」という発想はありませんか。税理士は、金融機関と違って、15時以降も普通にお客様相手に仕事をしています。夕方以降だって、土日だって対応してくれる税理士はいると思います。そんな税理士が、金融機関との金利の交渉をしてくれたら楽だと思いませんか。

どうせ税理士に確定申告を頼むなら、自分の属性や現在の物件情報等の必要な情報は渡すことになります。追加で必要なものといえば、購入しようとする物件の情報だけ。あとは、お任せってなれば楽ですよね。

税理士が金融機関との交渉をやれば、御自身で金融機関に出向くのは、最終の契約書を作成するときのみのたった1回ということもあり得ます。それなら、サラリーマンといえども、１日くらい有給で銀行に出向くことは可能になってきます。

仮に、税理士に10万円や20万円払ったとしても、金利差で３００万円近く差が出るなら、安いと思いませんか。

着手金が必要なようなら躊躇すると思いますが、融資が成功したときのみの成功報酬の形をとっている税理士もいます。そんな税理士をうまく見つけることをおすすめします。見つからなかったら紹介します。名古屋近郊限定ですけど…。

② 借り換えについて

同じことは、借り換えにもいえます。既に物件を購入してしまったとしても、借り換えで金利を安くすることもできます。借り換えをすると、違約金ということで結構な負担がかかり、さらに抵当権の設定等のコストも発生します。

しかし、そのコストを支払ってでも、借り換えをしたほうがプラスになる場合が多々あります。金利のトータルが下がるだけではなく、毎月の返済総額が下がり、キャッシュフローが潤沢になれば、次の物件への資金を貯めるのが早くなります。

ちなみに、借り換えのシミュレーションをしてみましょう。

【金利3・5% 3,800万円のケース】

○当初

返済期間 29年

返済総額 60,543,486円 利息22,543,486円

元利均等 173,975円/月

○借り換え後

金利 2・95%

返済期間 20年

返済総額　５０，３５１，１９７円　利息１２，３５１，１９７円
元利均等　２０９，７９７円／月
○借り換え費用
違約金　76万円
諸費用　10万円
抵当権設定　20万円
成功報酬　20万円（税理士）
保証料　56万円
借り換え費用計　１８２万円
○得した金額
２２，５４３，４８６円－１２，３５１，１９７円－１，８２０，０００円＝８，３７２，２８９円
※返済期間が短くなったので、毎月の返済額は３５，８２２円増加
【金利３・４％　２，４００万円のケース】
○当初
返済期間　20年
返済総額　３３，１１０，３０４円　利息９，１１０，３０４円
元利均等　１３７，９６０円／月

○借り換え後
金利　2・95％
返済期間　20年
返済総額　31，800，717円　利息7，800，717円
元利均等　132，503円／月
○借り換え費用
違約金　0円
諸費用　10万円
抵当権設定　15万円
成功報酬　15万円（税理士）
保証料　30万円
借り換え費用計　70万円
○得した金額
9，110，304円－7，800，717円－700，000円＝609，587円

第8章　共に戦う大家仲間の成功事例

W

不動産投資はいろんなキャッシュフローのつくり方がある

筆者が、お金が自分のために働き続ける稼ぐ仕組みを手に入れたように、周りの仲間達もお金を稼ぎ続ける仕組みを手に入れています。そう、労働の世界の向こうにある扉を叩き、開いた仲間たちです。きっかけは様々ですが、労働収入に依存しない生き方を選び、人生を楽しみたいという想いは同じです。

仲間と一緒にビジネスの話ができると、より仕組みの世界の楽しさが倍増していきます。ビジネスに正解はありません。自分自身が一番成功しやすいパターンを、自分のペースで身につけるのが最良の方法だと思っています。そのためには、たくさんの成功パターンを把握しておくのも重要なポイントとなります。

そんな仲間たちが、お金を稼ぎ続ける仕組みを手に入れた事例を紹介します。

収益物件数No.1国内最大の不動産投資サイト楽待《らくまち》コラムニストの越谷大家さん

越谷大家さんは、同じコラムニスト仲間で、とても仲よくさせていただいてます。彼は、20代にして成功を収めた素晴らしい才能を持った方です。不動産の仕組みを上手に組み合わせ、太陽光やAirbnbなど、幅広く事業展開をしています。投資の側面と経営の側面のバランスが非常によく、筆者も勉強させていただいています。

人当たりもよいほうなので、お会いできると、何でもぶっちゃけてくれる、ぶっちゃけ大家とし

【図表11　越谷さんプロフィール】

ても有名です（笑）。

〔プロフィール〕
越谷大家
職業：サラリーマン大家
大家開始：２０１３年４月
楽待コラム：http://www.rakumachi.jp/news/archives/author/junjun0505
メルマガ：https://canyon-ex.jp/fx20003/koshi
出版本：越谷大家流！　爆発的にお金を増やす!!　物件の効率的な購入の仕方と利回りアップ術（セルバ出版）

〔所有物件〕
○競売流れ自宅１棟　区分マンション２戸　１棟アパート５棟　１棟ＲＣマンション２棟　戸建１棟　野立て太陽光４基　屋根の上太陽光３基　合計60部屋　Airbnb ３部屋稼働中
年間キャッシュフロー約１，８００万円

《脇さんについて》

脇さんとは、楽待コラムを通して知り、その後Facebookを通じて知合いになりました。
もともと楽待コラムを読ませていただいており、アグレッシブな人だな？　と思っておりました。

たまたま1度参加したセミナーで、すれ違った際にFacebook上でよく見たお顔の脇さんだ!! と思ってお話したことがきっかけで、仲よくさせていただいております。その際にも、様々なお話をさせていただきましたが、とても勉強熱心で、アグレッシブな人だなと改めて感じました。

現在所有している区分マンションの売却を考えていたとき、脇さんにちらっとお話をしました。そのときにも、脇さんが既に区分マンションの売却で1，000万円近く売却益を出されておりましたので、高値で売却するコツを教えていただけました。

最近とても感じることですが、優秀な人は、様々な人脈を持たれています。そのため、経験豊富な人が多いと思っております。まさに脇さんも、様々な人脈を持たれており、経験も豊富で、ち密な計算をして、物件を購入・運営されているのがわかりました。

今後も、脇さんに、私は様々な有益な情報をいただきながら成長していこうと考えています。ぜひ、本書をお読みの方も、周りの大家さん仲間と同様、脇さんに頼って安全経営を行っていただけましたら幸いです。

《～越谷大家流～失敗しないための不動産投資術について》

私なりの失敗しない不動産投資術について、お恥ずかしながら記載させていただけます。

誰しも投資をする以上、成功することを夢見てされていらっしゃるかと思います。どんな夢を見ていますでしょうか。月に10万円給料とは別の収入が欲しい…、月に30万円…、人によっては月に100万円以上欲しいと思って投資を始められていらっしゃる人も多いのかなと思います。

ただ、不動産投資も含め、どんな投資でもそうですが、やり方を間違えてしまいますと、失敗してしまいます。誰も失敗したいために投資をされていらっしゃる人はいないはずです。

他の投資と違って、不動産投資では、失敗すると取り返しのつかない金額になってしまうことがあります。不動産投資での最大の失敗は、破産です。

破産に陥る人の最大の特徴は、現預金がなくなってしまうことです。

つまり、破産をしないためには、失敗の反対で、現預金をなくならなくさせればよいのです。そのためには、家賃からかかってくる費用すべてを引いたキャッシュフローを絶対にプラスに持っていくことです。

新築ワンルームや業者が無理やり進めてきて購入させる物件というのは、マイナスのキャッシュフローであったり、プラスのキャッシュフローでも全然数字的に少ない物件があったりします。そういう物件を購入してしまいますと、現預金がなくなっていく方向に進んで行ってしまいます。

私は、不動産を購入するための次のような３つの判断基準を持っています。

・１つ目が、キャッシュフローが出ていること
・２つ目が、融資がつくこと
・３つ目が、自分の負担になっていないこと

私は、この３つの判断基準に合う物件しか購入していません。

こういった投資基準ができている人とできていない人とでは、投資スピード・変な物件を購入す

る・しないがハッキリとわかれてきます。ぜひ、皆様の成功を心よりお祈りしておりますので、自分の投資判断をきっちりとつくってみてください。

23歳という若さで不動産投資を始めたスーパー大家・加藤至貴《かとうのりたか》さん

1度に4億円の借り換えを地銀で1％に成功させ手残りのキャッシュフローが2，000万円を超えたスーパー大家の加藤さん。加藤さんは、東海大家の代表理事であり、様々な種類の不動産を所有しているお金持ちです。

しかし、初めからお金持ちだったわけではありません。そんな加藤さんは、若い人が大家業をするのを本気で応援している稀な存在です。なので、東海大家の会は、飲み会しか開催されたことがありません（笑）。

そこで、時間いっぱい好きに情報交換を誰でも気さくにできるように2か月に1回、東海の大家さん&これから大家を目指す方で触れ合いの場の提供をしているのです。僕も東京から名古屋に引っ越してきて、初めて存在を知ったのですが、これほどフランクに知り合った人と接することができる会は稀な存在だと感じました。

【プロフィール】

加藤至貴。23歳という若さでサラリーマンの傍、不動産賃貸業を開始。

職業：2016年現在は管理法人有限会社 貴藤のほか、東海大家の会代表理事。株式会社

【図表12　加藤さんプロフィール】

wakuwakuクリエイト（加圧トレーニングジム運営）、Ｓｉｎｋ有限責任事業組合（高速道路ＥＴＣカードの発行業務）など様々な事業に携わっている。

大家開始：２００６年～

ブログ：加藤至貴のブログ（http://wakate-ooya/archives/category/kato）

〔所有物件〕

○所有不動産7棟（ＲＣ3棟・テナントビル１棟・貸工場・木造長屋・戸建賃貸・屋上電波塔など

○キャッシュフロー合計：２，１６０万円／年間

《10年以上の大家経験のあるスーパー大家の加藤さんが感じている想い》

　不動産賃貸業を開始して10年が経ちますが、不動産がもたらす大きな魅力は、やはり賃料収

【図表13　加藤さん所有物件】

入（インカムゲイン）ですが、それ以上に魅力的なことが時間を稼げる事業だと感じています。

人間、生まれてから生涯を終えるまで、皆時間は有限です。限られた命＝時間の中で命を稼げるビジネスが大家さんだと私は思います。

また、どんなビジネスよりも、再現性が高いビジネスでルールや仕組みが出来上がっているのが不動産賃貸業だと感じています。しっかりとルールや制度を把握し取り組むことで、皆にチャンスがあるのではないでしょうか。

私は、今では年に数か国の旅をし、様々な文化や色々な環境に身を置くことができています。また、趣味で大好きなＮＢＡ（バスケット）の試合を見に本場アメリカまで足を運べる状態となりました。これもひとえに不動産がもたらす恩恵だと思っています。

当時、私は、某ガス会社の下請会社に勤務し、しがないサラリーマンでした。朝6時に起床し、夕方8時に帰宅。休みは土日。20代前半でしたので、それなりに満足はしていましたが、終身雇用の終焉、それ以上に自分の人生の舵取りを他に依存する状態に疑問を感じ、本当の意味で社会からの自立が必要であると実感し行動に移りました。

金なし、コネなしでのスタートでしたが、時間だけはあったので書籍を読んだり、セミナーに参加したりなど、時間の投資は惜しまずしました。

現在は、朝自然に目が覚め、自分の好きな時間に朝食をとり、朝放送している大好きなＮＢＡの試合を生中継でゆっくり見られる時間を楽しんでいます。午後からは、関連会社のメールチェックや対応を済ませ、たまには物件の清掃や仲介業者へコンタクトをとったりもしますが、それでも企業に属していたときとは雲泥の差です。

また、平日に用事が済ませられるため、渋滞や飲食店に並ぶこともありません。旅行へ行くにも休みが集中する時期は避け、安い価格で旅行ができるようになりました。

私が不動産事業を開始した10年前の２００６年は、不動産投資本も少なく、今みたいにインターネットやＳＮＳが今ほど普及していませんでしたので、不動産に関する情報も手に入りにくかったと記憶しています。

ところが、現在、ＳＮＳが普及し、いつでも、どこでも情報が入手できる時代となりました。裏を返せば、情報の善し悪しの判別がしにくいのが現状ではないでしょうか。

不動産投資は、情報が命です、生きた本物の情報は、大家さんが持っています。この著書を手に取られたのと同様、まさに「大家のことは大家に聞け！」が一番の近道だと思います。

私も、セミナーに参加したり、主催する大家の会で情報収集したり、大家仲間で飲み会を開催したり、日々情報をアップデートできる環境を得られるよう努力しています。

大家業は、孤独な戦いです。専門学校もなければ、特別資格が必要なわけではありません。また、先述したように、情報が命です。身近に大家さん同士のコミュニティーがあれば、そこに属することをおすすめします。

もし、アドバイスをするとしたら、今すぐ行動することでしょう。何もしないことが最大のリスクなのではないでしょうか。まずは、環境を変え、考え方を変えることにより、行動が変わります。行動が変われば、習慣が変わり、さらには結果が変わってくるでしょう。行動あるのみです。

世の中には、様々な働き方があります。私は、不動産賃貸業が好きで始めたわけではありませんが、人生における目標に一番早く辿り着ける手段の1つが不動産賃貸業でした。しかし、今、現在、この事業が好きで楽しく感じています。日々生活を送るための仕事がライスワークならば、私にとって不動産賃貸業は、正にライフワークとなりました。

これから不動産投資を始める、また現在取り組んでいる方も、大家業がライフワークと思えるぐらい好きになってくれると嬉しいです。

大家が変われば街が変わる。そんな街づくりができる素晴らしいお仕事だと思いますし、大家業を誇りに思っています。

私の場合は、まだ独身ですが、ご家族がある方は、ご家族のご協力のもと大家業に取り組み、そして得た対価で、家族のかけがいのない時間を過ごしていただけたらなと願います。

読者の皆様のご成功を心より祈念しております。

自営業を行いながらアイデア勝負で収入の複線化に成功した大家シゲブロンさん

大家シゲブロンこと村松さんは、独創的なアイデアでシェアハウスを展開し、小資本でキャッシュフローの拡大に成功している大家さんです。

彼は、自分の力で客づけ、リフォームと、できることは自分でチャレンジして楽しむというスタンスで、高利回りの仕組みを手にしています。

ビジネスのレバレッジを融資ではなく事業プロセスの中に組み込んだ経営者として、素晴らしいナレッジをもっている大家です。

【プロフィール】

・築古物件＆シェアハウスで高利回り投資。大家シゲブロン
・職業：自営業（ＩＴ関係、イベント関係）
・大家開始：２０１３年12月～

【図表14　シゲさんプロフィール】

・ブログ：シゲブロンのブログ（http://shigebron.com/）
・シェアハウスサイト：エムアンドエムハウス（http://sharehouse-758.com/）

〔所有物件〕

○物件1号（２０１３年11月取得）：３部屋のファミリー物件をシェアハウス&自分の事務所に
・実質利回り：27％（借りていた自分の事務所代を入れると41％）
※物件取得費、初期諸費用、初期リフォーム代、毎月の管理費まで入れた利回り
・初期費用合計４８０万円：物件価格３００万円、諸費用40万円、リフォーム１１０万円、家具家電30万円
・年間家賃収入：１，３３２，０００円（今まで借りていた自分の事務所代5・5万円／月を入れると1，９９２，０００円）

○物件2号（２０１４年6月取得）：３部屋のファミリー物件をシェアハウスに
・実質利回り：28％
※物件取得費、初期諸費用、初期リフォーム代、毎月の管理費まで入れた利回り

【図表15　シゲさん所有物件】

・初期費用合計４３０万円：物件価格１６０万円、諸費用20万円、リフォーム２２０万円、家具家電30万円
・年間家賃収入：1，２１2，０００円
○物件３号（２０１５年６月取得）：戸建賃貸物件
・実質利回り：18％
※物件取得費、初期諸費用、初期リフォーム代、毎月の管理費までいれた利回り
・初期費用３８０万円：物件価格３００万円、諸費用30万円、リフォーム50万円
・年間家賃収入：７０８，０００円
○物件４号（２０１６年1月取得）：５部屋の戸建シェアハウス
・想定利回り：31％
※物件取得費、初期諸費用、初期リフォーム代、毎月の管理費までいれた利回り

・初期費用570万円：物件価格200万円、諸費用30万円、リフォーム300万円、家具家電40万円
・年間家賃収入：1，800，000円
○キャッシュフロー合計：505万円／年間

《シゲブロンこと村松さんの不動産投資のきっかけと成功体験》

はじめまして。築古物件&シェアハウス大家のシゲブロンこと村松です。

脇さんとは、大家仲間で、年齢も近いので一緒に飲むことも多いのですが、現金で買える範囲のボロ物件ばかりを購入しているため、飲みの席ではいつの間にか"目先大家"と呼ばれ、親しまれております。

まず、最初に、僕が不動産投資を始めたきっかけですが、本業でIT系の自営業を7年ほど前から行っており、2013年の11月に事務所&シェアハウスとして第1号物件を購入したことが始まりでした。

それまでは、不動産は借りる側で、自宅以外に事務所を5・5万円で借りていました。しかし、事業を始めて4年ほどたったときに、よくよく考えてみると、事務所代としてそれまでの4年間で既に年間66万円×4年で264万円を家賃として払っていることに気づき、今後、事業を続けていくのであれば、200万円～300万円の物件を購入しようと思い立ちました。

事務所であれば1部屋で充分だったので、当初はワンルームを探していましたが、築20年ほどの

ワンルームと、築40年近いファミリー物件の価格があまり変わらなかったので、「それであれば質より量だ」と、貧乏性の性格が出てしまい、３ＬＤＫの築古ファミリー物件を購入しました。そして、14畳のリビングの一角を自分の事務所として利用し、残りの居室3部屋をシェアハウスとして貸し出してみようと思ったわけです。

もともと、実需の事務所用ということが先行しているので、『最悪、誰も入居がなかったとしても、今までどおり事務所の家賃を7年払っていたと思えば、その後は自分の物になったと割り切れる』と、正直、投資としては本当に軽いノリでシェアハウスを始めました。

とはいっても、シェアハウスを始めると決まれば、一気に賃貸経営について興味が湧いてきたので、アマゾンで不動産投資本を大量購入&ネットで調べる毎日がそこから始まりました。

物件購入後は、リフォームと平行して、とりあえずシェアハウス入居募集用のサイトづくり、賃貸借契約書の雛形づくりと、１つひとつ調べては形にしていきました。

その際に、サイト制作が本業なので、自分でサイトやフライヤーがつくれるということは大きな強みになりました。

リフォーム業者さんの選定で少し時間がかかってしまい、物件購入から1か月ほど経った２０１３年12月にシェアハウスをオープンさせました。

オープン前からサイトをアップしていたので、嬉しいことにオープンから1週間ほどで3部屋中2部屋の入居が決まりました。

さらに嬉しいことに、オーストラリアのワーキングホリデーから帰ってきた方が、たまたま2人重なり、2人ともなるべく安く住みたいという理由から、海外では当たり前ですが日本ではなかなか珍しいドミトリー（相部屋入居）を希望され、その部屋の家賃が想定より1・5倍にアップ。そして、残りの1部屋も1か月以内に入居が決まり満室となり、そこから現在2年が経ちましたが、おかげさまで1か月以上の空室もなく稼働しています。

1件目のシェアハウスを満室にし、その後、半年ほどでシェアハウスをもう1件増やし、本を読んでいたらどうしてもDIYをしてみたくなったので、3件目は戸建物件を購入し、DIYで戸建賃貸にしました。

投資物件数は、2年ほどで4物件になったので、半年に1件ほどのペースで増やし、その間にマイホームも中古マンションを購入しました。

マイホームについては賛否両論ありますが、マイホームを購入することによって奥様の協力度もアップするだろうと思い、わが家はマイホームを購入しました。やはり、家族の協力があっての不動産投資ですよね。

そんなわけで、何気なく始めた不動産投資ですが、実際にやってみてよかったことはたくさんあります。

・事業所得、給与所得、不動産所得と収入の柱が1つ増えたこと。
・右記の所得は損益通算ができるので、物件の購入費やリフォーム代などかかった経費を他の所得

から引くことができること。（他の投資は、分離課税で、それができなかった）

・本業のネット業界とは違い、不動産は目に見えて形がある。さらにシェアハウスは、コミュニティーができて楽しいこと。

・大家の会を始めて、同世代の大家さんに出会えること。

・物件のＤＩＹなど特殊能力が増えること。

などたくさんよかった点があり、20代の頃にアフィリエイトやＦＸ、それに株などいろいろやってきたので、正直、何でももっと早く出会わなかったんだと少し悔やむほど、自分には合っていると思います。

最近では、昨年、第1子が産まれましたが、出産時に不動産収入があったおかげで、奥さんの出産後の里帰りに、僕も1か月仕事を休業してついて行くことができました。

そもそも本業がＩＴ系なので、場所の制限がなく、里帰り出産について行くことはできましたが、やはり本業以外で収入があるという安心感は大きいと思います。

最後に、不動産投資の手法についてですが、本を読んだり、先輩大家さんの話を聞くと、本当に人それぞれやり方がいろいろあることを感じますし、もっともっといろいろな人と話してみたいと思います。

僕の場合は、いつまでにセミリタイヤしたいとか、いつまでにいくら欲しいといった数字的な目標はなく、基本的にお金が貯まったら物件を現金購入するスタンスでやっています。本業もそうなのですが、数字的な目標や規模的な目標をつくってしまうと、どうしてもそれが一番になってしまうので、あえてつくらずに、自分がプロセスを楽しめるかどうか、必要としている人がいるかどうかということを一番に考えて、その上で数字も結果的についてきたらいいなと思っています。

そのため、不動産投資の最大のメリットである融資を活用して、レバレッジを効かせて効率よく拡大することについても、そのメリット自体はすごく感じているのですが、自分が不動産投資に夢中になれなくなったり、ニーズがなくなったときに気軽に辞められるようにしておきたいという思いのほうが強かったので、今までは長期の借入はせずに、なるべく現金購入で買い進めてきました。

しかし、今年は、賃貸経営も3年目と、少しずつですが慣れてきたので、1棟物にも挑戦していきたいと思うようになってきました。1棟物の融資やレバレッジを効かせた手法については、脇さんの専門分野ですので、大家3年目の今年は、脇さんに力を借りながら1棟物に挑戦したいと思います。

特に、脇さんの手法は、リスクコントロールができる手法です。しかも、購入してからの不動産からの家賃収入が入り続きやすい競合優位性の高いノウハウをたくさんお持ちなので、とても参考になります。

また、マーケットの見つけ方や考え方の原理原則を覚えると、汎用性が高いので、自分自身で経営の戦略がつくれるようになります。不動産で拡大していく人にとっては、有益なノウハウになると思いますので、脇さんを見かけたら声をかけて捕まえるのも1つの方法です。

あとがき

最後までお読みいただきありがとうございました。

不動産投資を始めるに当たり、マーケティングをするノウハウを知っていれば、保有してからも収益が途切れることなく、安定的に稼ぎ続ける競合優位性を持った状態がつくれることと、金融機関の使い方の視点を変えることで得られるレバレッジで、収益を最大化し、金融機関をコントロールするスキルを本書ではメインに書かせていただきました。

経済的自由を手に入れるためには、キャッシュフローが大切です。このキャッシュフローの視点を、投資ではなく経営視点で見ることで、不動産賃貸経営業の本質が浮かび上がってきますので、経営の側面でスキルアップをしていく方が1人でも増えていくことを応援しています。

年収が低くても、契約社員でも、ビジネスで諦める必要はありません。どんなに難しい問題が目の前に立ちはだかろうとも、できる方法を考えることを諦めないことが重要です。

特に、今の日本では、将来のお金の問題に不安を抱えている人が多いと思います。決して大金が欲しいわけではなく、普通の生活がしたい。そんな普通の生活に必要な金額でも、60歳から85歳まで夫婦で生活するのに、月30万円の目安で考えても9,000万円の現金が必要になります。

年金で月に15万円の支給があり、仮に50％負担が減ったとしても、60歳までにミニマムで4,500万円の現金を貯めなければ、普通の生活を送ることが困難になります。4,500万円の金額を30歳から貯めるためには、年間150万円を給与から貯めていかなければなりません。40歳からだと年間225万円が貯金のペースになります。

この貯金のペースが守れていないと、すでにお金の使いすぎになります。実際に困ってから誰かに相談しても使いすぎた本人に原因があるため、誰も助けてくれません。

ファイナンシャルリテラシーが低いと、国のメッセージにも気づくことができません。日本は、ようやく重い腰を上げ、国民に対して労働収入だけではなく、「お金に働いてもらいなさい」とメッセージをしています。そのため、銀行に現金を預けても、昔みたいにお金が増える仕組みにはなっていません。

労働収入こそが美徳として教育されたファイナンシャルリテラシーの低い日本人に対して、お金に働いてもらう体験を増やすためにNISAの導入があります。

また、企業を見ても、収入の流れに大きな変化があります。終身雇用の会社で、一生懸命働けば年齢と共に所得が上がり、一生安泰の体制から年功序列の体制は崩壊し、近年では有名大手企業が次々と副業を解禁しています。

これは、社員であっても賃金は保証できないから、自分の賃金は自分でコントロールをしなさいと宣言をしています。終身雇用完全崩壊も最終章に入ったと言われ、今後は退職金制度も廃止する企業も出てくると予測されています。

この本書を読まれた皆様はもうお気づきになっていると思いますが、お金の流れがわかると世の中の戦い方もわかるようになります。

もうすでに戦い方が昔と今では違っているとは思いませんか。すでに稼ぎ方の戦い方が変わっているのです。国家レベルで戦い方が変わっているのに、昔のままの戦い方では、置いていかれる一方です。結果的に、30年後、後悔しても周りから30年前にはわかっていたことなんだから対策が必要だったね、とアドバイスを貰っても何も嬉しくありません。だからこそ、労働以外での収入の仕組みが魅力的だと筆者は感じています。

初めの頃は、キャッシュフローが少なくても、少しずつ積み重ねることで、大きなキャッシュフローを得られるようになってきます。会社の給料に依存しない生き方を手に入れるのも、自分の判断1つで変わります。より楽しい人生を歩んでいくための1つの手法として、皆様の役に立てれば幸いです。

《オフィシャルホームページ》w-fudosan.com

《収益物件数No.1国内最大の不動産投資サイト楽待コラム》 http://www.rakumachi.jp/news/archives/author/lunaforza

最後になりましたが出版のきっかけをつくっていただいた越谷大家さん。執筆の協力をしていただいた檜垣昌幸さん、加藤至貴さん、シゲブロンこと村松さん、そして日々ビジネスパートナーとして活動していただいている管理会社の皆様や不動産会社の皆様へ、この場をお借りしお礼申し上げます。

脇　太

著者略歴

脇　太（わき　ふとし）

愛媛県四国中央市出身。1981年7月31日生まれ。

株式会社ダブルアセット代表取締役　兼　現役サラリーマン大家。

収益物件数No.1国内最大の不動産投資サイト楽待（らくまち）のコラムニスト。

幼い頃の夢は、空手で１番強くなること。小学１年生から高校３年生まで空手道を習い、高校時代にインターハイ、全国選抜大会など３年連続出場するが、１番になれず夢諦める。土木工学の大学に進学するが、興味をなくし、人生の道に迷い休学を行い、結局５年間の時を過ごし、大学を中退する。その後、ヘアメイクの専門学校に入りシャネルのヘアメイクとして働くが、再び人生の道に迷い転職。

2008年から某企業の広告会社に契約社員として入社。

2012年７月から賃貸経営を始める。不動産マーケットの仕組みとアウトソースが素晴らしいと感じ、インカムリッチでビジネスを拡大することが豊かな基盤づくりには必要不可欠だということに気づき、３年半で不動産物件６棟を取得し、３億円の資産を築き上げることに成功。年間家賃収入は2,600万円。現在のリアルな情報で融資・物件・税金・マーケットの視点でアパート事業運営をメインに活動中。

オフィシャルホームページ：w-fudosan.com
収益物件数No.1国内最大の不動産投資サイト楽待コラム：http://www.rakumachi.jp/news/archives/author/lunaforza

サラリーマンが手取年収1,200万円以上の豊かな人生を手に入れる不動産投資術

2016年3月18日　初版発行　　2025年9月4日　第7刷発行

著　者　脇　　太　© Futoshi Waki
発行人　森　　忠順
発行所　株式会社 セルバ出版
〒113-0034
東京都文京区湯島1丁目12番6号 高関ビル5B
☎ 03（5812）1178　　FAX 03（5812）1188
http://www.seluba.co.jp/
発　売　株式会社 創英社／三省堂書店
〒101-0051
東京都千代田区神田神保町1丁目1番地
☎ 03（3291）2295　　FAX 03（3292）7687

印刷・製本　株式会社 丸井工文社

Printed in JAPAN
ISBN978-4-86367-255-0